EL LADO FÁCIL DE LA
GENTE DIFÍCIL

EL LADO FÁCIL DE LA
GENTE DIFÍCIL

Que la gente conflictiva no te amargue la vida

CÉSAR LOZANO

AGUILAR

D. R. © 2013, César Lozano

De esta edición:
D. R. © Santillana USA Publishing Company
2023 N.W. 84th Ave.
Doral, FL, 33122
Tel: (305) 591-9522
Fax: (305) 591-7473
www.prisaediciones.com

Fotografía del autor: Jesús de la Cruz
Diseño de cubierta y de interiores: Ramón Navarro / www.estudionavarro.com.mx

ISBN: 978-1-62263-381-4

Printed in USA by HCI Printing Co.
16 15 14   6 7 8 9 10

...porque todos somos,
en un momento
determinado,
insoportables para
alguien.

Índice

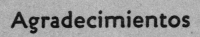

Agradecimientos

Cómo no agradecer a quienes, en forma directa o indirecta, participaron en la creación de éste, mi sexto libro, *El lado fácil de la gente difícil*. Personas con las que he coincidido en diferentes etapas de mi viaje por esta vida y que etiqueté como gente difícil o insoportable. Seres humanos con diferentes actitudes, costumbres, gustos, manías, obsesiones, traumas, fijaciones, complejos y resentimientos que los llevaron a actuar de determinada manera para obstaculizar mi camino y trastocar mi estabilidad emocional.

Escribir este libro también me hizo reflexionar y aceptar la gran cantidad de veces que yo mismo he sido insoportable para mi familia, mis amigos y compañeros de trabajo, y que a pesar de serlo, aún cuento con el cariño de ellos; bueno, eso creo (y deseo... ¡eso es fe!).

De todo se aprende, y tratar con gente difícil nos ayuda a poner en práctica la tolerancia, la prudencia y el entendimiento.

Querido lector o querida lectora, deseo que disfrutes este libro que pongo a tu consideración y que también lo dedico a ti, pues lo adquieres con el fin de entender y tratar de forma fácil a la gente difícil.

Gracias a mi esposa y a mis dos hijos maravillosos, por su tolerancia, consideración y apoyo durante las horas, días y semanas, ¡o meses! que invertí en escribir esta obra.

A mis compañeros de trabajo, a quienes nunca me cansaré de agradecer su entrega y dedicación en esta misión compartida de llevar el mensaje de El placer de vivir a través de conferencias, libros, revistas, periódicos, programas de radio y televisión.

A mi papá, por su oportuna ayuda; a mi querida hermana Gaby, por ser nuevamente cómplice en la elaboración de este libro que, estoy seguro, ayudará a miles de personas.

Mi sincero agradecimiento al equipo de No ficción de mi querido Grupo Editorial Santillana México, por confiar una vez más en mí.

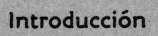

Introducción

Todos sabemos que la vida no es fácil, y mucho menos sencillo tratar con la gran diversidad de caracteres, hábitos y costumbres de la gente. Los principales conflictos en la vida se deben a nuestras diferencias con las personas con las que tratamos.

Personas que, por naturaleza o hábitos aprendidos, complican la existencia de quienes las rodean, incluyendo a su propia familia, haciendo de la vida de quien los trata, los quiere o los aguanta, un verdadero martirio.

Personas con un nivel de tolerancia muy bajo, que difícilmente sobrellevan a quienes tratan y ocasionan conflictos que pudieran ser evitados, si agregaran los maravillosos ingredientes de paciencia, prudencia y entendimiento como estrategias de vida.

Los hombres y las mujeres cargamos un pasado que puede marcarnos para bien y para mal. Antecedentes de dolor que ocasionan conflictos celosamente guardados en el inconsciente o en el subconsciente y afloran en momentos inesperados.

Sin duda, quien sabe manejar sus relaciones de modo positivo logra mejores resultados, cumple sus sueños con facilidad y es aceptado socialmente, lo cual reditúa en todos los aspectos de su vida.

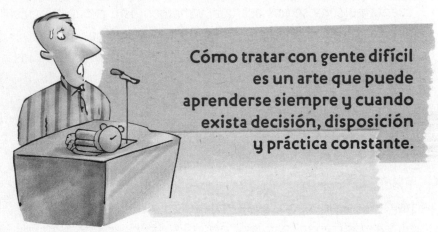

Cómo tratar con gente difícil es un arte que puede aprenderse siempre y cuando exista decisión, disposición y práctica constante.

Este libro contiene una clasificación de la gente complicada más común. Por supuesto, existen muchas más, pero quise incluir a los especímenes que encontramos con más frecuencia en nuestra vida.

Es un libro ameno, constructivo y divertido que presenta no sólo tipos de gente difícil, sino también las posibles razones que los hacen actuar así, ojo, para entenderlos, no para justificarlos, además de técnicas prácticas para sobrellevar o tratar a cada uno de ellos.

Estoy seguro de que en cada página de este libro recordarás a diferentes personas que has tratado en tu vida; por tu mente pasarán amigos, familiares, conocidos, compañeros de trabajo o personas que tuvieron alguna relación contigo y puedes catalogar como gente difícil o insoportable.

Estoy convencido de que conforme avances en tu lectura también te identificarás con algunos tipos de gente difícil, siempre y cuando tengas humildad y aceptes que todos, absolutamente todos, en algún momento determinado somos insoportables para alguien.

Todos tenemos momentos en que podemos agradar a cuanta persona se nos acerque, y momentos o circunstancias que nos hacen actuar negativamente con los demás.

Somos seres sociales y cambiantes, y conforme pasan los años aceptamos nuestro derecho a ser como deseamos, lo importante es hacerlo sin afectar a quienes nos rodean; porque, sin discusión, todos necesitamos de todos. Conforme mejoremos nuestras técnicas para entendernos con los demás, la vida será más fácil y placentera.

Deseo que disfrutes la lectura de mi sexto libro, escrito con gran entusiasmo y la disposición de compartir contigo las estrategias más certeras para evitar conflictos con la gente que quieres y a la que soportas. Con gente que quieres y ha cambiando tanto que no la entiendes. Con quienes no deseas ver más por antecedentes conflictivos y con aquellos aún no conocidos pero que te encontrarás en algún momento y te conviene tratar armoniosamente. Te aseguro que en este libro encontrarás más estrategias que te ayudarán a disfrutar el verdadero placer de vivir.

César Lozano

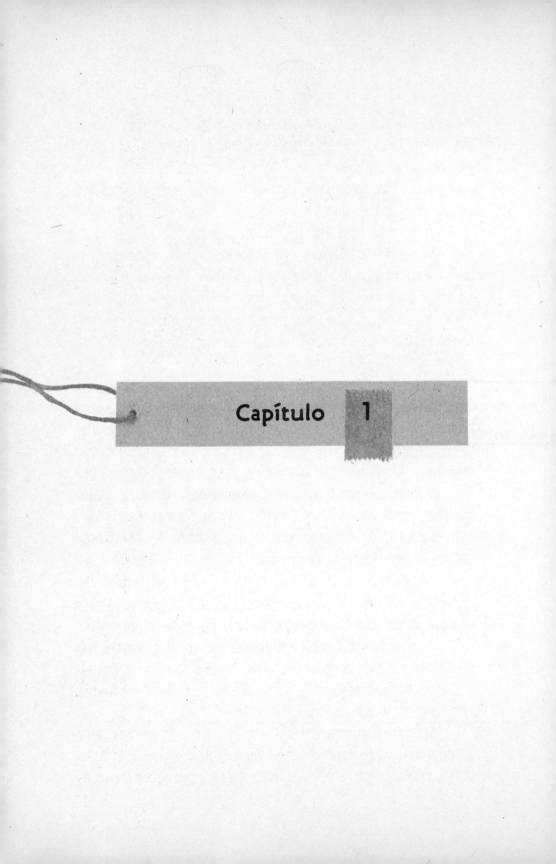

Capítulo 1

GENTE DIFÍCIL

"Hay personas que se atraviesan en nuestra vida sólo para hacérnosla imposible, insoportable." De eso se quejaba amargamente una persona y afirmaba que su vida sería maravillosa si no fuera por tantas personas indeseables que habitan este planeta.

Su queja se basaba en el hecho —según pensaba—, de lidiar con compañeros de trabajo que catalogaba como altaneros y prepotentes. Además —decía—, mi desconsiderada familia se empeña en amargarme la vida.

De sus clientes se quejaba porque eran inaguantables, demasiado exigentes. Y para acabarla de amolar, tenía que soportar a una suegra metiche, chismosa y experta en chantajes emocionales.

Cuando la escuchaba, reflexioné que en todas partes hay gente que no piensa igual que uno. Tarde o temprano, esa diversidad de pensamientos, prioridades, principios y valores, ocasiona conflictos sociales y familiares.

Siempre encontraremos personas que clasificaremos como gente difícil, y eso dependerá del momento que vivas y el lugar donde estés. Tu paciencia puede agotarse, y tus necesidades de afecto pueden hacerte creer que todos se confabulan contra ti y ver, como luego dicen: "Moros con tranchete."

> La definición de "gente difícil", que comparto contigo, es la siguiente: "Son personas con múltiples conflictos sin resolver, pretenden mantener o agrandar su imagen a costa de lamentarse de todo, chantajear emocionalmente, tienen miedo de ser agredidas en alguna forma, y tratan de dañar la imagen de los demás.

Probablemente, hacer la vida insoportable a los demás no sea su intención, pero sus carencias y conflictos internos hacen que su actitud sea desfavorable y ahí empiezan los problemas. No los justifico, pero los entiendo, y ese es el primer paso para tratar a gente así.

"¡Pero qué afán de complicarme la existencia!", le dijo desesperada mi abuela a mi abuelo en una ocasión. Y él contestó con mucha solemnidad: "No es que complique tu existencia, es que aún no te adaptas a la mía."

¡Imagínate! ¡Después de cincuenta años de casados y expresar que "aún" no se adapta a su existencia!

Todos tratamos con gente complicada. En un momento determinado, todos somos difíciles o insoportables para alguien. La astucia, la prudencia y los conocimientos sobre el tema harán que los estragos de estas relaciones indeseables no se conviertan en un calvario donde todos pierden, en una situación nociva que representa un reto mayor cuando las relaciones en conflicto ocurren bajo el mismo techo.

Es triste constatar que en la actualidad hay familias donde el amor no se percibe y sus miembros carecen de armonía. Qué responsabilidad tan grande es traer hijos al mundo y qué preocupación ver en sus caritas señales de alarma por las explosiones de carácter del padre, de la madre, ¡o de ambos!

Un día estaba en un centro comercial y me tocó presenciar un pleito entre un matrimonio joven. Estaban con ellos sus dos hijitos de 6 y 9 años. Cuando empezaron los gritos y los manoteos, el niño mayor miró a su hermanita con una expresión en el rostro de gran desilusión que parecía decir: "Ahí van otra vez." Después de un momento de discusión, el niño abrazó a su mamá diciéndole: "Mami, te quiero mucho", como suplicando que dejaran de pelear.

¿En qué momento perdemos la cordura a tal grado de olvidar que siempre habrá unos ojos observando nuestras reacciones y que al paso del tiempo nuestros hijos imitarán nuestros patrones de conducta?

¿En qué momento olvidamos los nexos que nos unen, las historias que nos fortalecen, los afectos que cultivamos, con el fin de ganar una batalla? Como dice una frase conocida: "¿Qué prefieres, tener la razón o ser feliz?" Con el afán de ganar una discusión o expresar la célebre frase "¡te lo dije!" somos capaces de enfrascarnos en una disputa donde uno gana y el otro pierde con resentimiento o dolor.

Es indudable que nuestra vida es como una película, donde cada quien decide su clasificación y género: drama, comedia, suspenso, aventura, ciencia ficción, o una película digna de ser considerada en la clasificación de "película de terror".

Somos protagonistas en las películas de muchas personas y capaces de fomentar, o no, la alegría o la armonía en un hogar.

Es lamentable que la violencia en los hogares vaya en aumento y su relación sea directamente proporcional al grado de estrés que se vive en la actualidad. Dicen los expertos que todos tenemos momentos de locura en que tomamos decisiones precipitadas, fruto de emociones basadas, por lo general, en la ira.

Hay tres preguntas que recomiendo contestar para analizar si tu presencia es incómoda y puedes ser considerado como una persona difícil o insoportable para alguien:

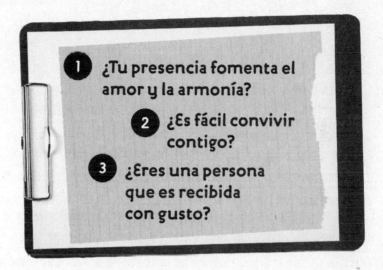

1 ¿Tu presencia fomenta el amor y la armonía?

2 ¿Es fácil convivir contigo?

3 ¿Eres una persona que es recibida con gusto?

Contestarlas te puede dar una pauta para saber si convivir contigo es una bendición o un tormento.

Te invito a que analices conmigo algunos puntos que te darán luz para identificar si convives con una persona difícil o insoportable, o si tu presencia puede considerarse como conflictiva, ya que por desgracia no nos damos cuenta de que podemos ser insoportables para alguien.

En mi libro *Destellos* menciono algunas características que te permitirán saber si eres –o si convives– con una persona difícil o insoportable. Las enumero de nuevo para que las analices conmigo:

Características de una persona difícil
Convives con una persona difícil o insoportable si:

1.   Tiene arranques de ira frecuentes. Avienta cosas, humilla continuamente y se respira un ambiente de incertidumbre o temor cuando aparece. Sus arranques son explosivos y muchas veces ocurren por cosas sin importancia.

2.   Se enfoca sin cesar en las fallas de los demás y rara vez en los aciertos. El reconocimiento o admiración por alguien no forma parte de sus costumbres ni de su repertorio verbal.

3.   Se queja de manera continua de quienes no son como ella piensa que deberían ser. Su problema más grande lo conforman los casi 7 000 millones de personas que habitan este planeta. Piensa que toda la gente está mal y debería ser como ella dice.

4.   Utiliza el chantaje emocional como herramienta para obtener lo que quiere. En relación con su pareja es fácil escucharle frases como éstas:

"Lo que tienes es gracias a mí" (Digamos que no todo… ya traía ciertas cositas de nacimiento, las cuales también lo han hecho muy feliz.)

"Nadie te va a querer nunca como yo" (¿En serio creerá eso? La mente de su pareja puede empezar a papalotear o a recordar encuentros con quienes realmente le han hecho sentir su valía y lo agradable que es.)

"¿Sin mí, qué harías?" (Pregunta muy osada para alguien que puede pensar una y mil cosas sobre lo que haría… ¡si esa persona no estuviera! Mirada hacia arriba y una sonrisa en el rostro.)

El chantaje es una de sus estrategias para hacer sentir mal a los demás; tomar el papel de víctima lo pone en gran ventaja.

5. Continuamente dice que te quiere y sin ti no puede vivir, pero sus actos no están de acuerdo con sus palabras. Habla del amor que te profesa, pero sus acciones se basan en la violencia verbal o física.

Es lamentable comprobar que en pleno siglo XXI existan todavía mujeres que permitan golpes y humillaciones y, por temor, vivan un verdadero infierno que pudieron evitar si se hubieran dado tiempo para conocer a fondo a la persona que dice ser "el amor de su vida" (¡por favor!, ¡¿dónde quedó la dignidad?!).

Sí, es verdad. En gran medida somos arquitectos de nuestro propio destino, pero para cualquiera hay una decisión.

Niñas y niños solteros, antes de decidir con quién compartir su vida, conozcan más a la persona, analicen cómo se relaciona con sus padres, hermanos y conocidos. Eso puede dar una idea de cómo será con ustedes y con sus futuros hijos, si los desean tener. Examinen cómo reacciona esa persona ante las adversidades simples y complejas. Cómo actúa cuando la gente la contradice. Analicen cómo se comporta con los demás en público y en privado. Verifiquen si hay congruencia entre lo que dice y lo que hace.

Es probable que recuerdes la película *Durmiendo con el enemigo*, sin duda una historia impactante interpretada por Julia Roberts. Su gran éxito se debió sin duda a que aborda un tema tan delicado y, al mismo tiempo, tan común como el de la violencia doméstica. En dicha película, la protagonista se enamora del "hombre de su vida" y se une a él en matrimonio. Al paso del tiempo descubre que su marido es sumamente violento, situación que le provoca un miedo tremendo, hasta el punto de que, durante una tormenta, ella simula ahogarse y desaparece. A pesar de que ha adoptado una personalidad distinta, su pesadilla conyugal resucita cuando comprueba que su ex esposo la está buscando.

Esta película recuerda la gran cantidad de relaciones tóxicas que viven millones de personas en la actualidad. Se unen sin conocerse lo suficiente y creen que los "pequeños defectos" en el noviazgo desaparecerán como por arte de magia en el matrimonio, pero no es así. Recuerda la frase que dice:

"Piedra pequeña en el zapato durante el noviazgo, se convierte en peñasco en el matrimonio."

Puedes escoger a tu pareja, a tus amigos, pero a los familiares no. Y, desafortunadamente, entre padres, hijos y entre hermanos es usual que abunden más las diferencias que las cosas en común.

Con frecuencia escucho a hijos jóvenes expresarse de manera despectiva e hiriente de sus padres, con o sin razón suficiente para hacerlo; expresan su sentir sobre lo poco considerados que son con ellos. O viceversa, los padres se quejan amargamente de lo irrespetuosos y poco conscientes que son los hijos y, por lo tanto, de forma indirecta los consideran sus enemigos pues van en contra de sus ideas o reglas.

También hay quienes tienen actitudes como la ira, el resentimiento y la tristeza, y si no son capaces de controlarlas, incluso pueden convertirse en sus propios enemigos: fomentan múltiples enfermedades que, se ha demostrado, tienen relación con estas emociones.

Espero que estas reflexiones te ayuden a detectar si para tu mala fortuna convives y tratas con gente difícil o insoportable, o bien, descubrir que eres tu propio enemigo y de quienes te rodean.

Imposible agradar a todo el mundo

¿Quién dijo que tenemos que congeniar con toda la gente? Somos únicos e irrepetibles. Nadie tiene la misma información y configuración genética. Nuestras historias personales son diferentes y, por lo tanto, no podemos ser iguales a nadie.

Las diferencias entre unos y otros pueden unirnos o desunirnos, pero también ayudarnos a buscar la autenticidad o nuestro bienestar sin pensar en los demás. Es obvio que, si sólo pensamos en nosotros mismos, podemos ser insoportables para algunas personas.

Querer agradar y complacer a todo mundo es un desgaste enorme. En este afán, millones de personas sufren por no cumplir con este deseo.

Por supuesto que todos somos diferentes. Abundan las clasificaciones de personalidades elaboradas por expertos en el tema. Pero hay una muy práctica y la comparto en conferencias sobre relaciones humanas. Desde tiempos muy antiguos ya se hablaba de temperamentos. En Grecia, en el año 460 a. C., Hipócrates, el padre de la medicina, hablaba de cuatro temperamentos básicos, relacionados con los cuatro elementos: aire, fuego, tierra y agua. El doctor Rudolf Steiner, filósofo austriaco (1925-1961), los relacionó con el conocimiento del ser humano y la educación. Ahora bien, hay cuatro temperamentos: *colérico, sanguíneo, melancólico y flemático*. No hay temperamento malo ni puro. Todos tenemos algo de los cuatro, pero predomina uno o dos. No es hereditario y parece definirse a partir de los seis años, cuando se inicia la educación primaria.

Hay quienes siempre buscan el liderazgo, saben lo que quieren y luchan por lo que desean. Son trabajadores aunque, en su afán por conseguir sus objetivos, pueden descuidar sus relaciones con las personas más significativas en sus vidas, en especial su familia. Son perfeccionistas en lo que hacen y cuando no consiguen lo que buscan se enojan. Se molestan incluso con ellos mismos por no lograr su cometido. Para ellos "el fin justifica los medios". Por tanto, se les llama de temperamento colérico.

Otros ponen su energía en fomentar amistades duraderas. Con frecuencia generar lazos de afecto y solidaridad, les encanta la gente; a ellos se les llama sanguíneos. Son sumamente activos y fáciles de distraer, pero por eso mismo "le tiran a todo y a nada le pegan", o sea, empiezan algo y tienden a olvidarlo. El orden y la limpieza no es algo que les preocupe.

También están quienes son lo contrario de los anteriores: no les agrada la gente. Disfrutan sus momentos de soledad, propicios para la creatividad. Guardan agravios como coleccionistas. Recuerdan fechas y palabras que los hirieron y las sacan a relucir constantemente, aunque su presente sea maravilloso. A estas personas se les conoce como *melancólicos*.

Y hay quienes llevan su vida con ritmo lento (por no decir parsimonioso). Se toman su tiempo para hacer las cosas y también pueden ser lentos para enojarse. Son bonachones y siguen una vida metódica que los hace rechazar los cambios. Prefieren "lo bueno por conocido que lo malo por conocer". Sus lemas favoritos son: "¿Cuál es la prisa?" "Tranquilo, para qué apurarse." Su lentitud puede ser desesperante para algunos, pero así son felices. A ellos se les llama *flemáticos*.

Habría que agregar que los celosos, perfeccionistas, posesivos, criticones, chismosos, indiferentes, agresivos y demás pueden considerarse como personas comunes y nos rodean a todos o, por qué no decirlo, tal vez alguno de ellos está leyendo este libro ahora mismo.

Como ya dijimos, nunca podremos darle gusto a todo el mundo ni ser aceptados por todos los que nos rodean. Siempre habrá alguien que nos critique por malos o buenos, lentos o rápidos. Siempre habrá alguien que nos juzgue por nuestra poca claridad al expresarnos o nuestro lenguaje aceptable. Son muchos los factores que juegan en la aceptación de los demás, como el estado de ánimo de cada persona. Un chiste puede ser bienvenido o rechazado dependiendo del estado anímico individual en ese momento.

Recuerda la regla 80-10-10. Aunque me la explicaron como regla, no es exactamente tal. En términos generales dice lo siguiente: a 80 por ciento de la gente le caemos bien. Aquí es donde la regla no se aplica en su totalidad, conozco personas que ni a sus padres les caen bien. Son seres que, con sus actitudes, odios y resentimientos hacia la gente o la vida, se ganan el rechazo de quienes los rodean. Dañan a los demás, física o psicológicamente, y se convierten en seres indeseables en diferentes ámbitos. No pretendo justificar sus actos, pero sí trato de entenderlos porque en la gran mayoría de los casos todos tienen historias de vida difíciles, inclusive terribles, que los han hecho así. Muchos de ellos fueron niños no deseados o relegados, afectados por una gran carencia de amor. Pero también existen los que son sobreprotegidos a tal grado que nada ni nadie los llena y se convierten en personas complicadas o difíciles.

Hablar de una norma no es fácil pero, en condiciones generales, los que buscan la paz y la armonía con quienes los rodean, quizá al 80 por ciento de la gente les resulten agradables. A 10 por ciento les serán indiferentes y al resto, el otro 10 por ciento, les caerán mal.

Imposible agradar a todo mundo. Por más bueno, noble y servicial que seas, habrá personas para las que no seas *santo de su devoción*. Ni modo, ¿qué quieres hacer? ¿Seguir desgastándote y dejar de ser tú para comportarte como los demás quieren y seas aceptado y querido por todos? Adaptarte a cada persona que conoces intentando ser querido, valorado y aceptado representa un verdadero desgaste y se convierte en una acción titánica. Claro que vivimos en sociedad y como seres sociales es necesario analizar nuestras acciones y palabras para agradar y vivir en armonía. Es necesario realizar cambios con base en lo que estamos cosechando, pero de eso a querer agradar a todo mundo es prácticamente imposible.

Hace tiempo estuve con alguien que tuvo la fortuna de tratar a Juan Pablo II. Esta persona lo atendió cuando realizó una de sus visitas a México, en la ciudad de Durango. Me comentó que una noche en que el Papa estaba cenando, escuchó en el exterior la algarabía de jóvenes y adultos que se habían congregado para cantarle y gritar palabras que expresaban su agradecimiento y cariño. Una de las porras que más se repetían en su visita a nuestro país era: "¡Juan Pablo II, te ama todo el mundo!" A lo que él, en esa ocasión, sonriendo y en su español con acento polaco, dijo a quienes lo acompañaban en la cena: "No, no me ama todo el mundo." Y todos soltaron una sonora carcajada. Claro que Juan Pablo II tuvo enemigos. El mismo Jesús lidió con algunos desde su nacimiento y hasta su crucifixión. También, Teresa de Calcuta tuvo enemigos acérrimos que hasta la fecha rechazan su filosofía de vida, "dar hasta que duela". Incluso hay quienes son rechazados hasta por el buen humor y la alegría con la que llegan a trabajar a diario.

Recuerdo en especial a una enfermera que trabajaba en el centro de salud donde hacía mi servicio social como médico. Llegaba siempre contenta, siempre sonriente y con un "¡Buenos días!" que le brotaba del alma. Una de las enfermeras amargadas que laboraba ahí decía en voz baja, con mucho desprecio: "Vieja desgraciada y lujuriosa. Se me hace que algo le dan para que llegue así." Y yo pensaba: "Se me hace que a esta amargada algo no le dan para que se exprese así."

Por supuesto que la envidia o el coraje de no poseer bienes o cierto nivel económico, social o cultural, puede colocarte en un lugar desagradable a los ojos de las personas. De igual modo son envidiadas las mujeres que tienen la fortuna de casarse con hombres respetuosos, amorosos y conscientes que ayudan a sus mujeres en el hogar. Quienes han estudiado a parejas de este tipo concluyen que esas mujeres los amarán por siempre. Esos hombres que con gran amor y convicción colaboran en actividades que pueden ser consideradas erróneamente como "propias" de la mujer (atender a los hijos, cocinar o participar en la limpieza del hogar) se ganan la admiración de sus compañeras. Algunos estudios comprueban que las mujeres aman y fortalecen mucho más sus lazos con quienes son solidarios en forma continua, están dispuestos a escucharlas y expresarles sinceramente palabras de amor y agradecimiento, fundamentales en sus relaciones.

Así pues, sabemos que no podemos agradar a todo mundo, pero sí podemos evitar roces o conflictos con la mayoría de la gente que tratamos.

¿Por qué somos así?

En algún momento nos vemos en la necesidad de cuestionar la manera de actuar de alguien o de uno mismo:

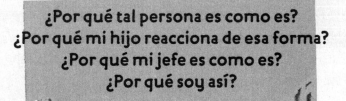

¿Por qué tal persona es como es?
¿Por qué mi hijo reacciona de esa forma?
¿Por qué mi jefe es como es?
¿Por qué soy así?

Siempre he creído que nuestra manera de ser y actuar es consecuencia de tres factores que marcan significativamente nuestra vida: *la herencia, la infancia y las relaciones.*

Cada día nos asombramos por los avances en la genética, ya que nuestros comportamientos tienen que ver con los genes heredados. Se descubrió que una gran variedad de enfermedades son transmitidas de generación en generación, como la depresión, y por lo consiguiente la tendencia a ser felices. O sea que si tienes antecedentes en tu familia de personas depresivas, puedes heredar esa predisposición. Inclusive, se descubrió un gen que tal vez influyó en la obesidad que padecieron tus padres y en la predisposición a padecerla en tu vida. Pero si tienes o tuviste la gran fortuna de tener padres o abuelos que hacen de la felicidad un hábito, a pesar de las adversidades, puedes heredar un maravilloso regalo. El tipo de infancia que tuvimos, sin lugar a dudas, influye positiva o negativamente en la forma de ser de cada uno de nosotros. Y la familia de la que fuimos parte, marca nuestro futuro.

Quizá tienes la gran fortuna de pertenecer a una familia unida, en la que los padres ven con claridad su rol de guías y saben qué mundo quieren dar a sus hijos. En esa familia se identifican valores y principios básicos para lograr metas y anhelos. Los hijos, por lo tanto, crecen estables, seguros, confiados, es fácil dar y recibir afecto; cuando son adultos, son activos y autónomos, capaces de expresar sus necesidades, se sienten felices y muestran altos grados de madurez e independencia.

Si, por el contrario, fuiste o eres miembro de una familia que carece de comunicación, el diálogo y el amor no serán cosa de todos los días; al contrario, si la violencia física o verbal, y la indiferencia, son el pan de cada día, lo más probable es que temor, resentimiento e indiferencia causen múltiples estragos.

Quienes guían una familia tienen una gran responsabilidad. Si por alguna razón reconoces que el tipo de familia que has formado no es como tú la quisieras, es tiempo de tomar cartas en el asunto y hacer los cambios necesarios para que el diálogo, el amor, la paciencia y el entendimiento se hagan presentes.

Virginia Satir, psicoterapeuta estadounidense, especialista en terapia familiar escribió: "La familia puede ser el sitio donde encontramos amor, comprensión, apoyo y seguridad, aun cuando falte todo los demás; es el lugar donde podemos refrescarnos y recuperar energías para enfrentar con mayor eficiencia el mundo exterior. Pero para millones de personas esto es nada más un sueño."

Todos somos responsables de la infancia de otros seres humanos. Recuerdo una frase célebre que hace tiempo escuché: "La mejor forma de hacer hijos buenos es hacerlos felices." Y por supuesto, la mejor forma de hacerlos felices es darles amor, clarificar su rumbo, marcarles límites y hacerlos sentir importantes.

Por último, tienen gran influencia en nuestro destino las relaciones que entablamos y fomentamos. Ya lo dicen los refranes: "¡Dime con quién andas y te diré quién eres!" "El que con lobos se junta... ¡a aullar se enseña!" Las relaciones nos marcan para bien o para mal, por eso es fundamental analizar la calidad de amigos que tenemos y lo bien o mal que nos sentimos con su presencia.

Hace poco me sorprendí mucho al enterarme del gran dolor que una familia, sobre todo los padres, padecía por el encarcelamiento de uno de sus hijos. A pesar de los esfuerzos que hicieron para guiarlo por buen camino, él decidió tener amistades que lo involucraron en un fraude. Esa decisión ha cambiado por completo su destino por tomar un camino equivocado. Ese tipo de sucesos nos confirman cómo las amistades nos afectan o ayudan de modo significativo.

Reitero: *la herencia, la infancia y las relaciones* marcan nuestro futuro. Te pido que, sin buscar culpables, analices cada uno los tres factores e identifiques el motivo de tus reacciones. Sugiero que durante una crisis agreguemos tres ingredientes que ayudan a sobreponernos: *el amor, la fe y la actitud proactiva.*

El amor porque es la fuerza más poderosa que existe. No dejemos que la crisis económica destruya los lazos de quienes nos hacen más fuertes. Procura que tus acciones y tu lenguaje estén llenos de amor. Conviértete en un ser amoroso preguntándote con frecuencia ¿cuál es la manera más amorosa, pacífica y positiva de manejar esta situación?

La fe porque gracias a ella surgen los verdaderos milagros.

Y la actitud proactiva, procurando el "cómo sí", en lugar del "por qué no". Una persona proactiva piensa antes de hablar. Controla la ira y el rencor antes de expresar su malestar. Evita reaccionar instintivamente ante lo que le sucede. Recuerda que *lo que te pasa no es lo que te afecta, sino cómo reaccionas a lo que te pasa.*

Que estos tres factores estén siempre en tu vida.

Contracorriente

"Si tuviera la posibilidad de quitarme esta celulitis sería muy feliz..." "Me haría muy feliz que cambiaras tu forma tan desagradable de ser". "¿Qué agradezco, si siempre tengo problemas? Cuando no es una cosa, es otra." "La verdad, ya no siento lo duro sino lo tupido."

Es posible que hayas escuchado o dicho estas frases o lamentos ante circunstancias no siempre bajo tu control. No se siente igual nadar contra la corriente que a favor de ella. No es igual volar con el viento en contra que en su misma dirección; el tiempo para llegar al destino previsto es menor cuando se hace a favor de la corriente o del viento.

Al paso del tiempo se aprende que en la vida hay circunstancias bajo control, en la cuales podemos influir de alguna manera en nuestro beneficio. Cambiar de actitud, modificar nuestra
alimentación, adoptar nuevos hábitos relacionados con el orden,
la disciplina y el ejercicio, nos facilitarán nuestra existencia.

Sin embargo, existen muchas otras situaciones que no nos
agradan, están fuera de nuestro control y obstaculizan nuestro
equilibrio o estabilidad emocional. Es cuando aplico el término
"contracorriente".

Dentro de las múltiples acciones y formas de pensamiento que existen para encontrar ese tesoro tan anhelado llamado
felicidad, describo las siguientes tres que pueden darte grandes beneficios:

1.   **Acepto a la gente como es.** Claro, con quienes más me
relaciono y existe un nexo importante, siempre y cuando sus
acciones no vayan contra mis principios y valores. La imperfección es parte de nuestra naturaleza y no aceptarlo es ir
contracorriente. Querer que la gente sea exactamente como
deseamos, piense y crea, que acepte nuestras sugerencias o
mandatos como lo queremos, sin resistencia, representa un
reto para nuestra estabilidad emocional. Todos somos diferentes y pensamos diferente. Tenemos historias de vida que nos
afectan o benefician en el presente. Momentos buenos y malos. Temperamentos o personalidades que nos hacen actuar o
reaccionar de determinada manera, distinta en cada uno de
nosotros. Desear que la gente piense, actúe, reaccione o res-
ponda como nosotros es un verdadero reto o suplicio.

Tengo dos maravillosos hijos a quienes amo por ser como
son. Mi hijita, dentro de sus múltiples cualidades, es detallista,
amiguera, prudente, cariñosa, astuta y sensible. Mi hijo, ordenado, noble, dedicado, obsesionado por mejorar siempre. Tengo la

bendición de tres hermanas y tres hermanos diferentes unos de otros. Tanto mis hijos como mis hermanos tienen defectos, como todos, y si aprendo a entenderlos y sobrellevarlos, la felicidad estará presente en sus vidas y en la mía. La tentación de compararlos está latente, pero la certeza de aceptarlos como son me hace valorarlos en lugar de insistir en cambiar algunas actitudes que no deseo y son parte de su forma de ser.

Cuando la gente se siente aceptada, valorada y amada logra más que cuando es criticada o señalada constantemente. Todos tenemos cola que nos pisen y la imperfección está presente en todo momento y lugar.

Deja de querer cambiar a quienes amas. Procura ver más sus aciertos que sus debilidades. Enfócate en lo que te agrada de cada persona y no en lo que te desagrada: eso marcará una gran diferencia en la armonía, el bienestar y la felicidad, tuya y de quienes te rodean.

2.   Me acepto como soy. Por supuesto que sí, pero sin caer en el conformismo. Hay situaciones que puedo modificar y otras no. Hay actitudes que puedo cambiar para mi bien y el de quienes me rodean, y otras que probablemente traigo tan arraigadas que es casi imposible modificar por condicionamientos o historia personal.

Si deseas bajar de peso pero eres ancha de caderas, de complexión robusta, podrás lograr tu cometido pero nunca te verás como la gente de constitución delgada. Podremos disminuir los estragos del paso del tiempo en nuestro cuerpo, mejorando la calidad de nuestros alimentos, disminuyendo el estrés, ejercitándonos, utilizando productos que ayuden a nuestra piel, incluso recurriendo a la cirugía plástica... pero tú y yo sabemos que no podemos tener la misma vitalidad y apariencia de hace veinte años. Aceptarnos en forma consciente, identificando qué podemos mejorar y qué no, es una excelente estrategia para conservar e incrementar el grado de felicidad.

3.   Incluyo el agradecimiento como estilo de vida. Por supuesto que entre más agradezca, la vida me dará más motivos para seguirlo haciendo. Es una decisión personal apreciar y agradecer lo vivido. Tener la convicción de que siempre encontraré motivos para estar agradecido con Dios y los demás por los beneficios obtenidos. Es un hábito que fortalece la voluntad y nos enfoca en lo bueno y lo mejor.

> Un corazón agradecido siempre será un corazón más positivo y optimista.
> El agradecimiento acerca a la prosperidad, nunca lo olvides.

Ir a contracorriente me impide aceptar lo que no puedo cambiar, lo que no depende de mí e irremediablemente constituye un proceso natural.

Identifica qué ideas, acciones o condicionamientos tienes en este momento de tu vida y que tal vez te causan la sensación de ir a contracorriente en el camino a la felicidad.

Recordé una leyenda sobre un hombre que oyó decir que la felicidad era un tesoro. A partir de aquel instante comenzó a buscarla. Primero se aventuró en el placer y los goces sensuales; luego quiso el poder y la riqueza; después la fama y la gloria... y así recorrió el mundo del orgullo, del saber, de los viajes, del trabajo, del ocio y de todo cuanto estaba al alcance de su mano.

En un recodo del camino vio un letrero que decía: "Te quedan dos meses de vida." Aquel hombre, cansado y desgastado por los sinsabores, se dijo: "Estos dos meses los dedicaré a compartir lo que tengo de experiencia, saber y vida con las personas que me rodean."

Y aquel buscador infatigable de la felicidad, sólo al final de sus días, encontró que en su interior, en lo que podía compartir, en el tiempo que dedicaba a los demás, en la renuncia de sí mismo y servir, estaba el tesoro que tanto había deseado.

Comprendió que para ser feliz se necesita amar; aceptar la vida como viene; disfrutar de lo pequeño y de lo grande; conocerse a sí mismo y aceptarse; sentirse querido y valorado, pero también querer y valorar a otros; tener razones para vivir y esperar, y también para morir y descansar.

Entendió que la felicidad brota en el corazón, con el rocío del cariño, la ternura y la comprensión. Que son instantes y momentos de plenitud y bienestar; que está unida y ligada a la forma de ver a la gente y de relacionarse con ella, y que para tenerla hay que gozar de paz interior. En su mente recordó aquella sentencia que dice: "¡Cuánto gozamos con lo poco que tenemos y cuánto sufrimos por lo mucho que anhelamos!"

Comparto contigo tres primicias muy importantes sobre este tema. Estoy seguro de que si reflexionas en ellas, encontrarás nuevas estrategias para sobrellevar a gente que te parece difícil o insoportable.

- Todos, en un momento determinado, somos insoportables para alguien.
- Detrás de una persona difícil, hay una historia difícil.
- Nadie puede hacerte la vida imposible, a menos que tú lo autorices.

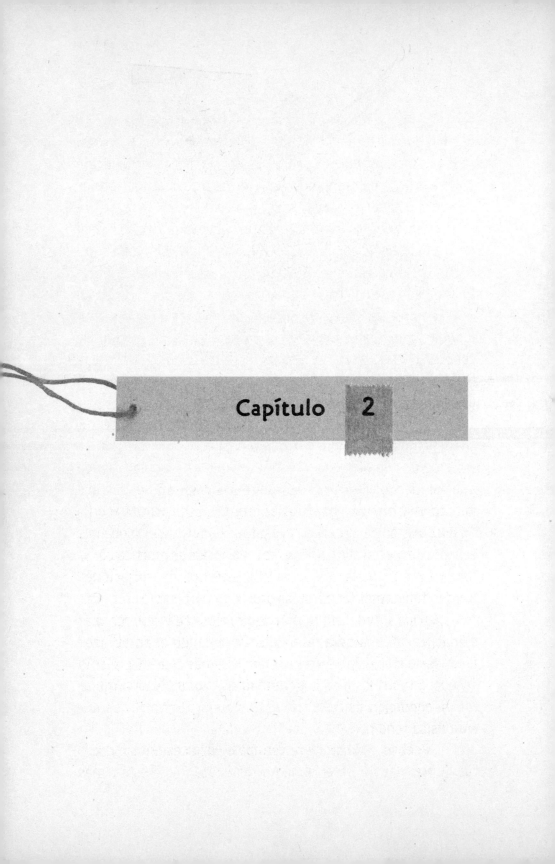

Capítulo 2

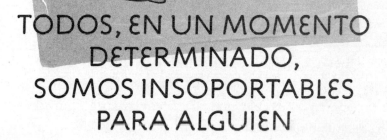

TODOS, EN UN MOMENTO DETERMINADO, SOMOS INSOPORTABLES PARA ALGUIEN

Además de los miedos que nos paralizan, la ira, el resentimiento y la tristeza son emociones que tienen mucha fuerza en nosotros por su repetición y destruyen poco a poco nuestra autoestima y estabilidad. Sabemos que lo que se practica constantemente se perfecciona; por ello este tipo de sensaciones pueden tomar más fuerza si las practicamos siempre.

¿Qué sucede con tu músculo bíceps si a diario realizas ejercicios con una pesa de 5 kilos flexionando el antebrazo? El músculo crece. Entre más lo ejercites, más crece. Lo mismo sucede si todos los días hago una rutina aeróbica para mejorar mi condición física. Entre más me ejercite, mejor condición física tendré.

Pues lo mismo ocurre con las emociones antes descritas. Entre más ira, resentimiento o tristeza manifiestes, más se convertirán en acompañantes de todas las actividades que realices. Es difícil aceptarlo pero estas tres emociones son factores desencadenantes de múltiples enfermedades. Razones para sentir estas tres desgastantes emociones hay de sobra, pero hay más por las cuales es conveniente tratarlas y controlarlas.

No expreses que tienes un carácter insoportable

No digas o afirmes que tu paciencia es muy poca, porque entre más lo digas más limitada será. No es ninguna virtud expresar que tienes un carácter difícil y tu límite de tolerancia es muy bajo. Tampoco lo es decir una y otra vez: "El que te la hace te la paga." Eso no es más que una señal de falta de madurez y de crecimiento personal. Comienza a controlar la ira mediante algunas técnicas recomendadas a continuación:

Ejercicios de respiración para controlar tu enojo

La respiración profunda siempre será una excelente recomendación. Creemos que los pulmones sirven única y exclusivamente para oxigenarse, pero no es así. Con la respiración normal aprovechamos sólo 20 por ciento de la capacidad del aire que podríamos obtener. Al inspirar profundamente se mejora el nivel de estrés.

El gran sabio taoísta Chuang Tzu, principal seguidor de Lao Tse, fundador del taoísmo, dijo: "La mayoría de nosotros

respiramos desde la garganta, pero los verdaderos seres
humanos respiran desde sus
talones."

Cuando sufrimos
un momento impactante o un
susto por alguna noticia inesperada, ¿qué hacemos? Sin
querer, respiramos profundo.
Es una respuesta automática
del cuerpo para oxigenarse y
controlar las emociones. El corazón aumenta su ritmo para enviar
más sangre a todas las zonas del cuerpo, los músculos se tensan
preparándose para un gran esfuerzo físico y la respiración se ace-
lera, se hace menos profunda para disponer de un suministro de
oxígeno constante y rápido.

La recomendación más común para mejorar nuestra
forma de respirar y controlar emociones es inspirar profundo,
retener el aire de tres a cinco segundos y espirar.

Andrew Weil, médico e investigador de la Universidad
de Harvard, ha dedicado gran parte de su vida a investigar qué
favorece la salud o la destruye. Además de sus estudios en re-
medios naturales, ha llegado a la conclusión de que los cambios significativos en una persona sólo llegan por medio de
trabajo terapéutico importante o desarrollo espiritual radical.

Propone que para conservar el bienestar mental es necesario practicar meditación y mejorar la función respiratoria.
Su frase representativa para esto último es: "Respirar bien para
sosegar el alma." Recomienda una técnica diferente para adquirir el hábito de respirar adecuada y profundamente, a la que
llama técnica 4-7-8, que consiste en:

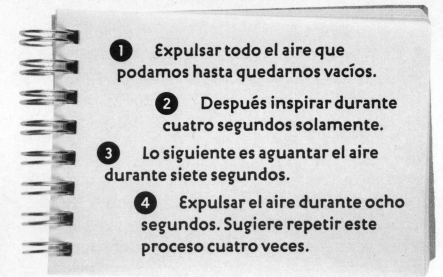

1. Expulsar todo el aire que podamos hasta quedarnos vacíos.

2. Después inspirar durante cuatro segundos solamente.

3. Lo siguiente es aguantar el aire durante siete segundos.

4. Expulsar el aire durante ocho segundos. Sugiere repetir este proceso cuatro veces.

Al realizar este ejercicio, Andrew Weil dice que nos acostumbramos a espirar más lentamente y a inspirar más profundo. Es de gran beneficio hacer esto tres veces al día durante ocho semanas para adquirir el hábito de respirar mejor, lo cual significa tener más energía y mejor estado anímico. Yo agregaría que con mejor estado anímico se incrementa la paciencia para tratar con gente difícil.

Controla tus pensamientos

En los momentos en que ira, resentimiento o tristeza se hagan presentes, recuerda la capacidad que tenemos de modificar cualquier estado mental mediante nuestros pensamientos.

Tú eres el único que puede decidir qué perdura en tu mente. Si ya es tu costumbre dar rienda suelta a cuanto pensamiento llega, serás presa fácil de las trampas continuas de nuestra mente.

Tú decides qué pensamientos deseas que predominen en ti. Resérvate el derecho de admisión y evoca pensamientos que te hagan sentir bien.

En este preciso instante, mientras lees este libro, puedes cambiar de forma radical tu estado de ánimo al hacerte recordar quién es la persona que más daño te ha hecho en la vida. Recordar lo poco considerada e injusta que fue. Puedes preguntarte una y otra vez por qué te hizo tanto daño y probablemente no encontrarás respuestas. Asimismo, te invito a pensar en las personas que más te aman. Qué motivos tienes para amar tanto, e imaginar que esos sueños que tanto deseas son ya una realidad. Todo pensamiento provoca sentimientos y cada sentimiento provoca acciones. Entonces, ¿de qué y de quién depende tu actuar y tu estado de ánimo? De los pensamientos dominantes. ¿De quién depende la calidad de tuspensamientos? De ti mismo. ¡Tú decides! Eres el diseñador de gran parte de tu estado de ánimo y, por lo tanto, de gran parte de tu destino. ¿Por qué de tu destino? Recuerda que atraemos lo que más pensamos o deseamos.

Si pensamos o creemos que no valemos nada, así será. Nadie nos valorará por la gran cantidad de mensajes que enviamos con gestos, actitudes y palabras. Si pensamos o creemos que todos son malos y nos quieren dañar, te aseguro que eso mismo atraeremos. Se acercarán personas que, de una forma u otra, desean nuestro mal. Si, por el contrario, pensamos y creemos que merecemos lo bueno y lo mejor, te aseguro que se presentarán personas y circunstancias que nos afirmarán con más fuerza lo anterior.

Controla tus palabras

Empieza modificando tus pensamientos, pero también tus palabras y verás cambios inmediatos. Habla acerca de lo bueno y positivo de los demás, para que ese mismo sentir lo tengas en tus pensamientos.

Evita a toda costa la crítica continua por la gran carga de negatividad y resentimiento que conlleva. El desgaste que ocasiona la crítica malsana es enorme, pero no lo detectamos. Cada vez que criticas agregas una dosis de negatividad a tu vida, la cual deteriora tu estado de ánimo y salud general.

Me ha servido muchísimo la técnica creada por el pastor Will Bowen con el fin de hacer consciente a su comunidad de Kansas City, sobre el gran daño que representa quejarse de todo y por todo; lamentarse por el pasado, el presente o el futuro.

Tuve la oportunidad de verlo en una entrevista con Oprah Winfrey y su técnica me pareció genial: "Si algo no te gusta, cámbialo. Si no puedes, cambia tu actitud." Ésa es la frase de su campaña. ¿Cuántas veces nos quejamos de algo durante un día? ¿Cuántas quejas hacemos por el clima, la gente, el trabajo, los achaques?, ¡imagínate!

El primer paso para superar un mal hábito es hacerlo consciente y decidir cambiarlo. Con el fin de identificar las veces que nos quejamos de una u otra cosa, recomiendo utilizar una pulsera morada durante veintiún días por lo menos, la cual se cambiará de muñeca cada vez que nos quejemos verbalmente de algo. Las dimensiones de esta excelente propuesta han alcanzado cifras increíbles: más de cuatro millones de pulseras se han enviado a ochenta países.

Quejarnos por todo lo que nos sucede se ha convertido en un hábito muy desagradable que fomenta malestar e ira. Mejor utilicemos las palabras para bendecir, crecer y hacer sentir bien. No para maldecir, criticar y humillar.

Tres acciones que te separan de los demás y te pueden convertir en insoportable

Los seres humanos somos complejos por naturaleza. Es así porque de un problema pequeño hacemos un drama; lo intrascendente lo convertimos en trascendente. Complejos en nuestra forma de vivir: por querer tener se nos olvida ser. Y ni para qué recordar que buscamos la felicidad teniéndola más cerca de lo que creemos.

Un día le preguntaron a Buda qué le sorprendía más de la humanidad y contestó: "Los hombres que pierden la salud para juntar dinero y luego pierden el dinero para recuperar la salud; y que por pensar ansiosamente en el futuro, olvidan el presente de tal forma que acaban por no vivir ni el presente ni el futuro. Viven como si nunca fuesen a morir y mueren como si nunca hubiesen vivido..."

Y somos complicados a tal grado que por agradar o sobresalir, cometemos fallas inolvidables en quienes tratamos.

Y de entre todos los hábitos y las costumbres que podríamos evitar, hay tres conductas que pueden repetirse:

1   Dar consejos cuando no se nos piden. Somos muy buenos para aconsejar y malísimos para vivir esas mismas recomendaciones. En muchas ocasiones, damos consejos para redimir nuestras propias culpas. Al aconsejar a alguien sentimos que nuestros problemas pasan a segundo plano y lo peor del caso es que por lo general aconsejamos a quien no lo pide. Voy a compartir un ejemplo.

Alguien dice: "Me duele la cabeza." No falta quien aconseje: "Tómate una aspirina." Aquella persona dijo que le dolía la cabeza, no nos preguntó qué le recomendamos para eliminar el dolor. Y como éste hay muchos ejemplos de que somos muy buenos para dar consejos no solicitados.

Si alguien dice que está saturado de trabajo, de inmediato iniciamos la letanía del riesgo que representa el estrés en nuestras vidas, lo necesario que es tomar un descanso y la importancia de trabajar en lo que de verdad nos gusta. Incluso hay quien cuenta el caso de su vecino que estaba igual de agobiado por el trabajo y murió de un infarto. ¡Bonita forma de animar a quien tiene tanto trabajo!

Hacemos una y otra vez recomendaciones —que, por cierto, no nos pidieron— y quien expresó un comentario sólo quería sacar a flote un sentimiento. Reitero, somos muy buenos para opinar cuando no nos piden consejo.

2   Somos muy buenos para dar explicaciones no solicitadas. Recuerdo cuando saludé a un conocido en el aeropuerto. Estaba casado con una amiga de mi esposa, pero en esa ocasión iba muy bien acompañado de otra mujer muy guapa. Al verlo lo saludé y le pregunté cómo estaba (me refería a él, no a la acompañante, que estaba en excelentes condiciones). "¡Muy bien!", me contestó. "Fíjate que vengo de México porque fuimos la licenciada y yo a una junta muy importante sobre una exportación de dos nuevos productos", y siguió la explicación.

¿Quién le preguntó a qué fue a México? Yo le pregunté ¿cómo estaba? No de dónde venía. Y mucho menos qué hizo.

Esto se hace cuando queremos ocultar algo. Explicamos de más y luego se va uno de cabeza. Recuerda la siguiente frase que va muy bien con esta situación: "A explicación no pedida, acusación manifiesta."

3   **Somos especialmente buenos para hablar y no escuchar.** Por naturaleza, deseamos ser escuchados, pero eso debe ser recíproco. Se recuerda con gusto a quienes practican el arte de escuchar y tienden a convertirse en personas inolvidables. Es un arte, una destreza que puede aprenderse.

¿Quieres saber si eres buen oyente? Sólo si contestas afirmativamente las siguientes preguntas:

- ¿Es fácil para ti mirar a los ojos de quien te habla?
- ¿Cuando te platican algo, retroalimentas el tema en cuestión?
- ¿Haces preguntas relacionadas con lo que te comparten, demostrando así plena atención?
- ¿Evitas distraerte no volteando a tu alrededor ni contestando a cuanta llamada o mensaje recibes en tu celular?
- ¿Expresas emociones o sentimientos de personas que comparten momentos alegres o difíciles?

Si contestaste afirmativamente a la mayoría de los cuestionamientos anteriores, te garantizo que eres un excelente oyente. En caso negativo, ahí mismo encontrarás una tarea fundamental para los próximos días.

¿Qué mejor acción hacia quienes decimos querer, que hacerlos sentirse escuchados?

¿Qué piensas de estos tres comportamientos? ¿No crees que pueden alejarte de seres queridos?

Evita ser tu propio enemigo: autosabotaje

Claro que podemos convertirnos en enemigos acérrimos de nuestra propia felicidad. Lo he dicho en mis libros anteriores: la mente puede ser tu peor enemigo o tu mejor aliada. Un pensamiento constante y negativo puede amargarte hasta el momento más feliz. Pensar una y otra vez en lo que no deseas que ocurra es acercarlo con más intensidad a tu persona. Lo he padecido, lo he vivido y aprendí a controlar en gran medida esos pensamientos, fundamentados o no, que me amargan el presente.

Sin embargo, hay otra forma de convertirte en tu propio enemigo: ¿Cuántas veces has deseado lograr algo, tienes definidos tus objetivos y cuando estás a punto de lograrlo, algún incidente te impide cumplirlo?

Deseas fervientemente bajar de peso. Te la pasas diciéndote que pondrás manos en el asunto el próximo lunes; mejor la siguiente semana o el siguiente mes o, para ser más constante y no fallar, mejor iniciar con el año siguiente. Tienes la dieta ideal para lograrlo; conoces a varias personas que han seguido algún maravilloso método para adelgazar y lograron su cometido; la ilusión consiste en bajar esos kilos que siempre has deseado eliminar y empiezas con éxito bajando kilos y más kilos y... cuando llevas un gran avance para llegar al peso ideal, las tentaciones y tu poca fuerza de voluntad hacen de las suyas evitando que logres tu meta.

Sabes que determinado medicamento es fundamental para tu salud, pero constantemente olvidas tomarlo.

Te inscribes en un curso de inglés sin lograr avances. Después a otro curso, y a otro, y así te la pasas como nómada de una escuela a otra sin lograr tu objetivo.

Deseas con todas tus fuerzas un trabajo y cuando estás en la entrevista final se "salan" las cosas y le otorgan el puesto a otra persona.

Y ni para qué hablar de la cantidad de veces que postergamos las cosas que nos benefician y no sabemos el porqué.

Le adjudicamos eso a la mala suerte, a que somos eternas víctimas de las circunstancias, a la mala vibra de quienes nos rodean; o agregamos un toque espiritual convenciéndonos de que Dios tiene "mejores planes para mí" o que simplemente "eso no se me da."

Pero rara vez creemos que es un *autosabotaje*. Por algún motivo ignorado, no puedes lograr lo que te propones y la razón viene del inconsciente.

Los expertos en el tema dicen que hay varias razones, y estoy seguro de que conforme las leas te identificarás con alguna de ellas, como me sucedió a mí en alguna ocasión.

1 El autosabotaje puede tener sus raíces en la infancia, por la perfección o madurez anticipada que buscaron los padres en sus hijos. Quizá hayas vivido esto si de niño sentías que no lograbas satisfacerlos y esa infelicidad te acompañó siempre hasta convertirse en hábito.

2 Dependencia o sobreprotección excesiva de los padres hacia sus hijos, causando un daño tremendo al lograr lo que se proponen sólo con ayuda o aceptación de sus progenitores.

3 Baja autoestima, fruto de palabras hirientes como: "Eres un bueno para nada", "¿cuándo harás las cosas bien?", "tenías que regarla una vez más". Palabras que pueden dañar la seguridad y autoestima de niños o jóvenes, haciéndolos creer que el éxito no es para ellos.

4 Condicionamientos aprendidos desde niños, en la juventud o en la etapa adulta, convenciéndonos de que el éxito no es tarea fácil: "Detrás de un éxito tiene que haber un gran sufrimiento." Por cierto, eso me repetía un profesor una y otra vez. "¡El dinero no se da en los árboles!", decía a mi madre, y remataba: "¡Lo bueno cuesta, y cuesta mucho!"

5 Nos desvivimos por darle gusto a la gente que nos rodea. Rendimos culto al sacrificio por los demás, haciendo hasta lo imposible por lograr el bienestar de quienes amamos y nos olvidamos de nosotros mismos, de la gran responsabilidad que tenemos de ser felices y sentirnos merecedores de lo bueno y lo mejor.

Lograr el éxito puede representar un gran sacrificio, pero hay quienes inconscientemente tienen tanto miedo a sufrir que autosabotean el éxito destinado a ellos. Aunque podemos decir, o incluso creer, que deseamos lograr algo provechoso, internamente y de manera no muy consciente tenemos miedo de lograrlo por la responsabilidad que conlleva, por el cambio que implica y porque no sabemos si podremos manejarlo.

Cuando se trata de postergar algo importante en tu vida con frases como "luego lo hago", se manifiesta miedo al éxito. Y el mensaje es: no lo consigo porque no lo merezco. El valor que hay que rescatar es la *confianza y el amor a uno mismo*.

Recordé a una paciente que atendí como médico, ella quería bajar de peso, llevaba toda una vida con obesidad, problemas de salud y autoestima. Deseaba con todo su corazón bajar kilos, pero difícilmente avanzaba. Hasta que un día el psicólogo que me acompañaba en el proceso me dijo: "Nunca va a bajar de peso por el miedo inconsciente de que si lo logra, no sepa relacionarse o mantenerse en el peso ideal." Algo difícil de aceptar y, sin embargo, más común de lo que creemos.

Cuatro recomendaciones prácticas

1   Reconocer y explorar nuestros sentimientos y su origen. Identificar el porqué de hábitos negativos que no controlamos y entender nuestros miedos.

2   Revisar el nivel de autoestima. *¿Qué tanto nos aceptamos como somos? ¿Qué o quién se ha encargado de hacernos sentir* *menos?* No con el fin de culpar y martirizarnos por la gente que se ha ensañado con nosotros, sino para superar el malestar de la manera más sana posible, incluyendo el *perdón* como estrategia.

3   Analiza tu infancia y los factores que pudieron desarrollar un conflicto en tu vida adulta. Sana a ese niño interior que todos llevamos.

4   Si es necesario, busca ayuda psicológica para hacer conscientes tus miedos más ocultos o celosamente guardados y que representen un autosabotaje.

Imposible negar que de manera inconsciente podemos impedir nuestra felicidad por no sentirnos merecedores de disfrutarla.

Evitemos ser víctimas eternas de las circunstancias. Analicemos el impacto de nuestras palabras y creencias. Identifiquemos las secuelas de nuestra infancia y decidamos reprogramar nuestra mente a nuestro favor.

El arte de complicarte la existencia

Éstas son algunas decisiones que definen tu destino y pueden convertirte en una persona difícil.

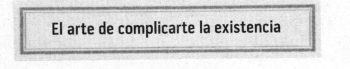

- **¿Cómo tratas a tu familia?**
- **¿Qué estudias?**
- **¿En qué trabajas?**
- **¿Con quién te juntas?**
- **¿Con quién compartes tu vida?**
- **¿En qué crees?**

Sin duda, son decisiones importantísimas que definen en gran medida tu felicidad y la armonía en tu vida. Sabes que la infancia juega un factor fundamental en el futuro de cualquier ser humano. Como dije antes, un niño amado, querido y valorado, tiene más posibilidades de alcanzar un futuro promisorio que quien no lo fue.

Causamos gran impacto en los hijos cuando fomentamos en ellos la cultura del miedo y la sobreprotección. Los hacemos dependientes y temerosos para tomar decisiones porque todo lo hacemos por ellos, evitando a toda costa su malestar o dolor.

Siempre he creído que para elegir una pareja adecuada es bueno analizar ciertos factores que pueden darte una pista sobre cómo será tu relación: ¿Cómo trata a su familia? ¿Cómo se expresa de quien le dio la vida y de quien hace algo por él o ella? Por supuesto, hay grandes posibilidades de que así te trate a ti.

Adicionalmente, es bueno que tenga sueños y aspiraciones, ambiciones por lograr lo que se propone y, de preferencia, un plan de vida. Desde luego, si no quieres pasar hambres y miserias, que la flojera no sea una de las características que lo definen. "Quien es flojo para estudiar y trabajar, generalmente se convierte en flojo para amar" (qué fuerte... pero es la verdad).

Qué estudias y qué tanto define tu destino. Los países desarrollados nos marcan la gran diferencia que existe cuando sus habitantes son cultos contra el índice de violencia. Quien es culto y hace de la lectura un hábito siempre encuentra formas diferentes para solucionar problemas; su capacidad de reacción puede ser inmediata. Sus decisiones son más acertadas. ¿Será por eso que nuestros gobernantes no se han preocupado lo suficiente por invertir más en educación y hacen con el pueblo lo que les viene en gana? *Pobreza y falta de educación = manipulación.*

El trabajo dignifica y sobre todo es fuente de desarrollo. Gran bendición es trabajar en lo que te gusta y además que te paguen. Pasamos la mayor parte de nuestra vida consciente trabajando; quienes realizan una función que no disfrutan pueden llenarse de amargura que transmiten a la gente a su alrededor. No es difícil recordar personas que se quejan amargamente de su actividad laboral. Ellos afirman que su peor día es el lunes porque faltan muchos días para el fin de semana. Lo peor es el efecto que estas quejas causan en los hijos que ven y escuchan las lamentaciones de su padre o madre que *tienen* que ir a trabajar. Con frecuencia recomiendo a quienes me comparten su frustración por no trabajar en lo que les gusta, que tienen dos caminos:

El primero es buscar la forma de que ese trabajo les guste, incluyendo afirmaciones que beneficien y fortalezcan el subconsciente como: me gusta el trabajo, bendigo mi trabajo, recuerdo una y otra vez que gracias a mi trabajo obtengo lo necesario para darle lo mejor a mi familia. Podrían considerarse frases huecas o superfluas, pero tienen un efecto increíble cuando se trata de mejorar nuestra realidad.

El segundo camino es planear tu retirada y hacer lo que de verdad disfrutas, pero hacerlo de una manera organizada y sin poner en riesgo tus ingresos. Puedes cegarte y tomar decisiones precipitadas, fruto del hastío y de tus ganas de cambio inmediato. ¿Recuerdas al personaje de Tarzán? Él no soltaba una liana antes de tomar la siguiente. Es una manera organizada de cambio de empleo. No suelto el que tengo hasta tener otro en firme. Olvida que existe el trabajo perfecto. Siempre habrá motivos para creer que hay algo mejor; siempre existirán personas que deseen obstaculizar lo que haces y siempre habrá problemas que sortear. Al final de cuentas para eso se nos contrata, ¿no?

¿Con quién te juntas? No entraré en detalles en una decisión tan obvia y tan trascendente. Como ya comenté, la gente influye para bien o para mal. La bien conocida frase "dime con quién andas y te diré quién eres" tiene su fundamento. Por lo tanto, conocer a la gente que más tratas o más te agrada puede ayudarte a tomar decisiones certeras para continuar o no una relación. Formularte preguntas contundentes como:

- **¿Su presencia me motiva o desmotiva?**
- **¿Concuerdo con la mayor parte de su forma de ser, pensar y actuar?**
- **¿Estoy de acuerdo con la mayoría de sus decisiones?**
- **¿Insiste en cambiar mi manera de ser o pensar por considerarla fuera de su contexto?**
- **¿Relacionarme con esa persona me ha provocado problemas frecuentes?**
- **¿Me ha involucrado en situaciones de conflicto con o sin mi autorización, de lo cual me arrepiento?**
- **En conclusión, ¿su presencia ha sido nociva para mí o para la gente que quiero?**

No olvides que una cosa es divertirte con alguien y otra muy diferente que esa diversión te haya metido en problemas de los cuales te arrepientes. Gente divertida abunda, y las situaciones desgastantes, fruto de esa diversión, pueden cambiar tu destino.

Recordé la historia de aquel rey que deseaba tener en sus filas a un nuevo guardia principal que lo protegiera, ya que el anterior había fallecido. Decenas de guardias de palacio deseaban tan anhelado puesto. El rey citó a todos los candidatos para elegir a quien supliera a su antecesor, y lo resguardara directamente. Nadie sabía ni se imaginaba de qué forma el rey tomaría tan importante decisión. ¿Les formularía alguna pregunta difícil? ¿Los pondría en combate? Todos sabían que tenía formas extrañas y originales para tomar decisiones trascendentes.

El día tan anhelado llegó y la cita fue en uno de los salones más grandes del palacio. En el centro del salón había una maravillosa mesa labrada con las más bellas y carísimas maderas. Un jarrón asombroso, de los más finos, traído de tierras lejanas y, en su interior, las flores más exóticas e increíbles jamás vistas. Todo un espectáculo.

Llegó el rey, observó fijamente a cada uno de los candidatos y señalando la mesa, el jarrón y las flores les dijo: "He ahí el problema", y se sentó en el trono.

El silencio y la incertidumbre se hicieron presentes. El murmullo de algunos de los presentes se escuchó... ¿Cuál problema? Y después de varios minutos de silencio, se levantó uno de los candidatos, sacó su espada y destruyó la mesa, el jarrón y las flores, dejando pedazos por doquier. Los murmullos no se hicieron esperar. La cara de asombro y desaprobación del resto de sus compañeros era notable.

El rey, después de ver lo acontecido, se levantó de su trono, vió los despojos de lo que había sido una maravillosa mesa, pedazos del jarrón carísimo y la destrucción de las flores bellísimas que antes lucían en el centro del salón. Volteó a ver al hombre que guardaba su espada en ese momento. El rey sonrió y dijo: "He aquí el nuevo guardia principal de palacio." Y se marchó.

¿Cuál es la moraleja? Que los problemas más graves de nuestra vida se disfrazan de cosas muy bellas.

- **"Al cabo nadie se va a dar cuenta."**
- **"Tengo derecho a disfrutar la vida."**
- **"Lo que sucede en Las Vegas, en Las Vegas se queda."**
- **"Al cabo todo el mundo lo hace..."**
- **"Sí, ya sé que soy casado pero ella está bien guapa..."**

Y podría seguir con la lista de situaciones agradables que pueden constituir un problema.

> **"Lo más rico de la vida
> engorda o es pecado..."**
> **¡Zas! Golosos...**

Hay otras decisiones consideradas como poco importantes o intrascendentes y, sin embargo, marcan tu destino.

Al iniciar un día podemos provocar mejores resultados diciendo que tendremos una mejor actitud ante lo que nos espera, lo cual en la mayoría de los casos no se puede predecir ni asegurar. Deseamos, planeamos, nos organizamos para que lo que deseamos o imaginamos se realice, pero adversidades, contratiempos y sucesos inesperados se presentan. Ciertamente, nos desequilibran, incluso pueden sacarnos del balance visualizado, pero es parte de nuestra vida.

Decido diariamente qué imagen quiero proyectar en los demás, y no sólo a través de mi vestimenta, sino con mi semblante, vocabulario y el lenguaje corporal que me caracterizan.

Tengo y tienes la libertad de elegir qué y cuánto comer, cuidando o descuidando tu cuerpo, nuestro instrumento fundamental para vivir.

Gran parte de nuestras relaciones humanas se rigen bajo el mismo principio; queremos tener armonía, pero olvidamos que somos arquitectos de nuestro destino, libres para cuidar la forma en que controlamos nuestras emociones y reacciones.

Cada día decides si quieres a la gente, si la soportas o deseas controlarla. También decides si esa misma gente te descontrola, molesta, agobia o desquicia. No somos perfectos y cuesta mucho tiempo y preparación alcanzar el estado de *iluminación* de los grandes maestros que promueven la paz en el mundo, los que fomentan el control para nunca enojarse con esos seres que se convierten en una verdadera calamidad.

Como médico me dedico a llevar mensajes relacionados con la actitud, las relaciones humanas y la mejora continua. Con frecuencia me preguntan sobre el tema y mi respuesta siempre es la misma: gran parte de las enfermedades que padecemos tienen estrecha relación con nuestra actitud hacia la vida y las emociones que manifestamos. Las investigaciones lo revelan. Quien hace del enojo y la amargura un estilo de vida tiene mayor predisposición a enfermarse y disminuir su promedio de existencia. Difícilmente alcanzaremos un estado de cero problemas y perfecta estabilidad; depende de cada uno hacer de nuestra vida un infierno o una bendición.

La felicidad se encuentra en la capacidad de adaptarse a las circunstancias que no dependen de nosotros; disfrutar cada momento y encontrar motivos que den sentido a la vida.

Bendito el libre albedrío que nos permite tomar un sinfín de decisiones que pueden contribuir a nuestro crecimiento pero también a nuestra desgracia.

Éste es un buen momento para hacer un breve análisis mediante las siguientes preguntas:

1 ¿Sientes que las decisiones tomadas recientemente han sido las mejores, con base en los resultados obtenidos?

2 ¿Eres tú quien decide el rumbo de tu vida, o lo pones en manos de los demás?

3 ¿Analizas a fondo cada decisión o incluyes la adrenalina y el riesgo sin medir las consecuencias?

4 ¿Inculcas en la gente que amas la importancia de evaluar los diferentes escenarios con base en las diversas decisiones que adoptan?

5 ¿Te arrepientes frecuentemente de lo que decides?

Estoy seguro de que las preguntas anteriores te ayudarán a precisar la importancia que das a la bendita capacidad que tenemos de elegir.

El que persevera... ¿alcanza?

Una creencia es una serie de ideas inculcadas en diferentes etapas de nuestra vida que convertimos en realidad o estilo de vida.

Durante años recibimos información sobre la forma en que deberíamos ser, creer y actuar ante diversas situaciones. Nuestras creencias dependen del lugar en que nacemos, la cultura que nos rodea, la información que nos dan nuestros padres y/o familiares directos, la gente con la que tratamos y la predisposición a ser influidos.

Muchas creencias están muy arraigadas y pueden ser dañinas. A veces no percibimos su alcance, hasta que los resultados nos despiertan de ese sueño, o la presencia de alguien que influye en nosotros nos hace cuestionarnos si vale la pena o no seguir creyendo en eso.

En general, la religión que profesamos es la que nuestra familia nos inculcó. El conocimiento y la introspección pueden hacernos desistir de la creencia que por mucho tiempo aceptamos como real y única. Hay ejemplos de algunas creencias que podemos tener muy arraigadas como:

- **"Dios castiga..."**
- **"¡El dinero no se da en los árboles! ¡No te imaginas lo que se batalla para obtenerlo!"**
- **"La gente es mala, no lo olvides. Siempre buscarán la forma de fregarte..."**
- **"Cuando tengas a tus hijos, sabrás lo que es sufrir..." (¡qué fuerte!)**

O el lamento de muchas mujeres que han sufrido por amor: "Todos los hombres son iguales..."

El psicólogo Rafael Santandreu, en su libro *El arte de no amargarse la vida*, habla sobre las diez *creencias irracionales* generadoras de malestar o frustración en el siglo XXI. Ahora las comparto contigo, al igual que mis apreciaciones sobre cada una de ellas:

1 Necesito tener a mi lado a alguien que me ame; de lo contrario, ¡qué vida tan triste!
Primera *creencia irracional* porque tú y yo hemos conocido personas que tienen a ese alguien a su lado y su vida es un infierno. Mejor sola(o) que mal acompañada(o).

2 Tengo que ser "alguien en la vida", aprovechar mis cualidades y virtudes. De lo contrario me sentiré fracasado.

Desde el momento de la concepción ya somos alguien y no tener una carrera profesional no significa que el fracaso es parte de nuestra vida. Esta afirmación me recuerda a un compañero de primaria y secundaria al que no se le daba eso de estudiar. A duras penas terminó la secundaria y empezó a trabajar sin continuar sus estudios. No es mi afán promover el no estudiar, pero vieras qué bien le ha ido...

3 **No puedo tolerar que la gente me menosprecie en público. Debo cuidar y defender mi imagen.**

Para responder a esto, vienen al caso dos dichos: "Oídos sordos a palabras necias", y "no somos moneditas de oro para caerle bien a todo mundo". Imagínate querer agradar a todos. A veces el silencio es la mejor estrategia. Comparto contigo una de mis frases matonas: "La mejor forma de desmentir un rumor será la poca importancia que le des. Que tu actitud lo desmienta por sí solo."

4 **Debo tener una casa o un departamento propio, de lo contrario soy un fracasado.**

Qué bueno tener un espacio propio, pero no tenerlo en ningún momento será considerado un fracaso. Al fin y al cabo, nada nos llevaremos a la tumba. ¿Cuándo has visto una carroza fúnebre con el camión de mudanzas detrás?

5 **Tener buena salud es fundamental para ser feliz.**

Tristemente, en muchas ocasiones he constatado la gran cantidad de personas aparentemente sanas pero no son felices; y más: las he visto con capacidades diferentes demostrar un verdadero amor por la vida. Así que, al igual que las anteriores, ésta es una **falsa creencia.**

6 **Tengo que ayudar a mis familiares —padres, hermanos, abuelos, hijos— porque si no, difícilmente seré feliz.**

Qué bueno que hay quienes tenemos esa posibilidad. Y cuando la ayuda es agradecida, mejor, pero sin ocasionar dependencia total y/o exigencia por medio del chantaje emocional. No olvido los reproches de un padre flojo, borracho y desobligado, a su hija trabajadora: "¡Te quedarás por siempre con el remordimiento de no ayudarme!" Estoy de acuerdo con la promesa bíblica, "A todo aquél que ayude a su padre y a su madre nunca le faltará el sustento", pero, como en todo, hay "asegunes", ¿no crees?

7 **Si mi pareja me pone los cuernos, jamás lo perdonaré.**
Para empezar, cada caso es diferente y desde el momento en que lo afirmas con tal seguridad, por supuesto, no lo perdonarás. Y segundo, entre más lo afirmes más lo atraes. Recuerda que la palabra tiene poder.

8 **Debo tener una vida emocionante, evitar el aburrimiento.**
Estas falsas creencias causan muchos divorcios. "Ya no siento lo mismo..." "Como que el aburrimiento se apoderó de nuestra relación y es mejor que terminemos." Olvidamos la responsabilidad individual de alimentar la relación y optamos por nuevos retos. Tremendo error.

9 **Tener más siempre es lo mejor.**
Esta penúltima creencia nos recuerda lo triste que puede ser la vida de muchas personas que por querer tener más, se les olvida ser o disfrutar la vida.

10 **La soledad es mala. Los seres humanos necesitan a alguien cerca, si no están acompañados son desgraciados.**
Bendita soledad que me permite conectarme fácilmente con el Ser Supremo. Amo la soledad porque en esos momentos me han llegado las mejores ideas. Por supuesto, la soledad no es mala, siempre y cuando hagas las paces contigo mismo.

Existen también creencias positivas y pueden beneficiar el desarrollo y la creatividad:

- **"Siempre existen formas diferentes de lograr lo que deseamos."**
- **"Cuando una puerta se cierra, se abren muchas otras."**
- **"La suerte está destinada para quienes tienen fe, se preparan y están atentos a las oportunidades."**

Dentro de la gran variedad de creencias que he considerado positivas en mi vida está la que dice: "El que persevera alcanza." Ésta es una exhortación a luchar incansablemente por lo que quieres, con la firme convicción de que lograrás lo que siempre has deseado. ¿Estás de acuerdo con esa creencia?

Si también contestaste que sí, te quiero manifestar lo que Fernando Malkun, especialista en creencias, me dijo en una entrevista en mi programa de radio. Él lleva muchos años escribiendo, dirigiendo y realizando *Crealidad*, taller para recrear tu mente y cambiar tu realidad. Experto en diferentes civilizaciones y su relación con Dios; estudioso de mayas, egipcios, hindúes, tibetanos, nepalíes y budistas, entre otros. A través de videos y conferencias ha llevado su teoría a muchos países, relacionada con la sabiduría y la evolución de la conciencia.

En la entrevista cuestionó la verdad del dicho: "El que persevera alcanza". Yo expresé mis objeciones ante la duda en relación con algo que siempre he considerado fuente de inspiración: luchar incansablemente por lo que queremos y creemos. Perseverar es un valor que puede marcar favorablemente a la gente y hacerlo es motivante para lograr lo que nos proponemos, ¿o no? Pero su respuesta me impactó.

Habló de la gran cantidad de veces que nos cegamos ante lo que creemos es lo mejor y luchamos incansablemente para lograrlo, sin ver ni analizar otras posibilidades. La vida nos pone obstáculos para decirnos que no es por ahí; creemos y afirmamos que es lo que de verdad deseamos, y hasta consideramos que es la fuente de nuestra felicidad, aun con todo lo que tenemos que sortear, sin ver, o mejor dicho, por no querer ver la gran gama de posibilidades que podemos abrir en el camino. "Por luchar por lo que creemos que es mejor, nos olvidamos de lo que puede darnos más satisfacción." La vida siempre nos sorprende con otras opciones y ser cuadrados o inflexibles puede ser un riesgo cuando se trata de perseverar.

En mis tiempos de estudiante de medicina deseaba ser director de un importante hospital. Cuando alguien me preguntaba sobre mi futuro, yo decía que iba a luchar con todas mis fuerzas para lograr mi sueño tan anhelado de ser el director de un hospital donde se proporcionara un servicio cien por ciento de calidad.

Sabía lo que quería y estaba dispuesto a perseverar en mi sueño. Mis estudios de posgrado iban orientados a eso. Administración de hospitales, productividad, calidad en servicios de salud y demás. Pero en el camino se abrieron otras posibilidades, como dar conferencias y seminarios sobre temas que había aprendido a lo largo de mi vida. Mis ganas de luchar por ser director de un importante hospital poco a poco se fueron desvaneciendo por la gran pasión que sentía al impartir temas con públicos variados. Llegaron a mis manos invitaciones de diversos seminarios internacionales relacionados con actitud, servicio, relaciones humanas, liderazgo y demás, e hicieron que mi interés fuera en aumento. De pronto, mi vida había dado un giro de 180 grados y me convertí en conferencista, conductor de radio y televisión, además de escritor. Si hubiera estado cegado, perseverando en el tema de la dirección de hospitales, no hubiera tenido ni vivido tantas satisfacciones como me ha dado esta maravillosa profesión de conferencista y escritor. Nunca hubiera conocido tantas partes del mundo a donde he llegado con mis mensajes, hubiera conocido ni probablemente a quien hoy es mi esposa y con quien he logrado formar una maravillosa familia.

Por supuesto, nunca pondré en tela de duda la importancia de tener objetivos en la vida; de diseñar un plan de vida y luchar por los sueños en los que creemos, pero viendo en el camino las posibilidades que se abren y pueden ser nuestra verdadera vocación para causarnos gran felicidad.

Lo mismo sucede cuando nos aferramos a una persona que creemos es la idónea para compartir nuestra vida, pero resulta alguien con quien se viven múltiples conflictos y sinsabores. Agresiones directas o indirectas, indiferencias o desprecios. A veces por creer fielmente en la frase *el que persevera alcanza*, no nos damos la oportunidad de ver otras opciones. Nos quedamos con frases de autolavado de cerebro y lastimeras como:

"Yo lo voy a cambiar."
"Yo sé que con el amor que le dé cambiará
su forma de actuar."
"Sí es así es porque ha sufrido mucho y sé que Dios
puso a ese ser en mi camino para ayudarlo."

¿Cuántos casos conoces así? La propuesta es clara y certera. Lucha por lo que quieres, pero nunca creas que es tu única alternativa.

¿Qué opinas?

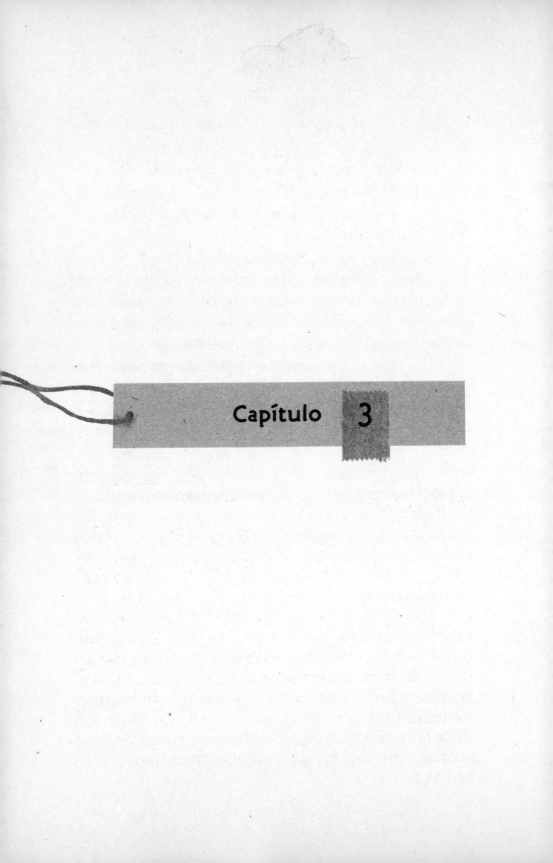

Capítulo 3

DETRÁS DE UNA PERSONA DIFÍCIL, HAY UNA HISTORIA DIFÍCIL

Siempre que expreso este concepto, recuerdo a dos compañeros del colegio. Uno de ellos, con un padre autoritario que utilizaba la *tranza* como estrategia constante y que acostumbraba golpearlo salvajemente, igual que a sus hermanos cuando cometían errores *imperdonables* como tirar el chocolate o reír a carcajadas cuando él estaba dormido.

El otro compañero, con una madre casi siempre ausente, autoritaria, neurótica, que le exigía sacar las mejores calificaciones. La mujer acostumbraba todas las tardes reuniones sociales y dejaba al niño al cuidado de las dos señoras del aseo, prácticamente las madres sustitutas, y sólo llegaba a comprobar que todo estuviera en orden. Nunca un cariño, una muestra de afecto ni mucho menos diálogo constante. Jamás asistió a una junta de padres de familia. La verdad, nunca supimos si tenía o no papá.

Estos compañeros se convirtieron en el terror de los más débiles —entre los cuales, a Dios gracias, no me encontraba—. Sus pleitos frecuentes, los regaños que recibían y sus visitas constantes a la dirección, hicieron que se les etiquetara como niños complicados y difíciles, —en aquel tiempo no se escuchaba aún la palabra *bullying*—. Posteriormente fueron jóvenes complicados, desobligados y uno de ellos inclusive tuvo problemas con la justicia de Estados Unidos, a donde no puede volver.

No es un factor determinante, pero sí frecuente, que quienes tuvieron una infancia difícil, tengan una personalidad conflictiva. La infancia marca a tal grado que suele convertirse en destino, así, donde las heridas producidas por el desamor o el exceso de protección, hacen de una persona alguien difícil para ser querida o soportada.

No siempre consideramos como historias complicadas las basadas en el exceso de amor, donde hay sobreprotección y abuso de cuidados; como cuando alguien crece en un ambiente demasiado amoroso y sus padres o tutores le evitan a toda costa cualquier sufrimiento o dolor, que son parte de nuestro desarrollo. Nadie desea que la gente a la que ama sufra, pero tomar decisiones por ellos y un exceso de cuidados, son factores determinantes para forjar personas complicadas.

¿Cuántos casos conoces de personas que todo se les dio y no valoran ni agradecen el esfuerzo o cuidados que se les brindaron? ¿Cuánta gente en el mundo lo ha tenido todo —y lo tiene en demasía— y toma antidepresivos por la gran cantidad de problemas que tiene?

Madres o padres sobreprotectores que, sin afán de dañar a sus hijos, les dan todo lo que desean y más. Al paso del tiempo, el arrepentimiento es tremendo y muchas veces el daño es irreversible. La naturaleza no se equivoca al hacer que todos los seres vivos batallen poco o mucho para sobrevivir. ¿Recuerdas el gran esfuerzo que significa para una mariposa salir de su capullo? Si con toda tu buena disposición quieres evitar el "sufrimiento" y el "esfuerzo" que representa para esa mariposa salir de su capullo y le "das una mano" abriéndolo, esa mariposa difícilmente emprenderá el vuelo y morirá antes de tiempo. Y todo por ayudar y evitar el sufrimiento.

> **"Ni tanto que queme al santo ni tanto que no lo alumbre." ¿Por qué en mi infancia no detecté el culto al sufrimiento con el que nos forman sin querer, desde la forma en que nos inculcan la religión, hasta los chantajes emocionales a los que nos vimos sometidos por no ser los hijos que deberíamos ser?**

Bendita psicología positiva que nos abre los ojos y nos recuerda que nuestra misión es ser felices. Dios nos dio la vida para eso, no para sufrir eternamente, y menos con culpabilidad desmedida por todo y de todo.

Repito, no lo justifico, pero es ahí donde la madurez de cada uno se aplica para encontrar el porqué de nuestras actitudes. No justificó los actos que mucha gente tiene con personas inocentes en el momento menos indicado. Tampoco quiero dispensar a quienes se escudan en el rol de víctima de las circunstancias y desahogan todo su veneno en la gente que los rodea, lo cual tú y yo sabemos que es muy común. Por lo regular la gente nociva dice:

- **"Nadie me ha querido; por eso soy así."**
- **"Me golpearon de niño y mi papá fue muy estricto, por esa razón yo soy igual con mis hijos."**
- **"Robo porque a mí me faltó todo y hay gente que tiene mucho."**

En el fondo, pueden provocar acciones dañinas hacia quienes no tuvieron nada que ver con su pasado. Todos tenemos una historia que, en forma consciente o inconsciente, nos hace actuar de cierta manera. Desde niños absorbemos muchísima información que moldea nuestro carácter: recordar la forma en que nuestros padres enfrentaban las adversidades nos da la pauta o lineamientos a seguir en circunstancias similares.

Claro que influye nuestra infancia, el temperamento y las relaciones que fomentamos. Algunos estudios afirman que el amor o la carencia de él, la aceptación o rechazo cuando estábamos en el vientre de nuestra madre, afectan nuestro presente.

Todos, absolutamente todos, pasamos por momentos buenos y malos. Fuera de los cambios hormonales que mujeres y hombres tenemos, hay circunstancias que cambian el estado anímico. ¡Imagínate!, querer estar siempre en sintonía con todo el mundo... ¡imposible!

¿Cuántas veces nos ha tocado estar en el peor momento de alguien? "¡Nos toca bailar con la más fea!" (con todo respeto para quienes se sientan así o en realidad estén así). Dicho en otras palabras: "Nos toca pagar los platos rotos." O en determinado conflicto: "No teníamos vela en ese entierro."

Cuando hablo de inteligencia emocional siempre hago la siguiente aclaración: agregar inteligencia a la emoción es tener madurez para añadir también paciencia, prudencia y entendimiento ante quienes, en un momento determinado, atacan con el veneno de su resentimiento por circunstancias ajenas a nosotros. Ése es el gran reto de la inteligencia emocional.

Al respecto recuerdo el cuento "La tristeza y la furia", que hace años me compartieron:

Había una vez una laguna maravillosa de agua cristalina y pura donde nadaban peces de todos los colores. Hasta ese lugar mágico y transparente se acercaron a bañarse la tristeza y la furia haciéndose compañía.

Las dos se quitaron sus vestimentas y entraron al estanque. La furia, apurada como siempre, urgida y sin saber por qué, se bañó rápido y más rápidamente aún salió del agua. Pero la furia es ciega o, por lo menos, no distingue con claridad la realidad, así que, apurada, al salir se puso la primera ropa que encontró. Y sucedió que esa ropa no era la suya, sino la de la tristeza. Vestida de tristeza, la furia se fue. Muy calmada, serena, dispuesta como siempre a quedarse en el lugar donde estaba, la tristeza terminó su baño y sin ningún apuro (o mejor dicho, sin conciencia del paso del tiempo), con pereza, lentamente salió del estanque. En la orilla se dio cuenta de que su ropa ya no estaba.

Como todos sabemos, si hay algo que a la tristeza no le gusta es quedar desnuda, así que se puso la única ropa que encontró, la de la furia.

Cuentan que, desde entonces, muchas veces uno se encuentra con la furia, ciega, cruel, terrible y enojada, pero si nos damos tiempo, encontramos que esa furia es sólo un disfraz, y detrás de la furia, en realidad, está la tristeza.

Tal vez por esa relación entre furia y tristeza, sufrimiento y coraje, es fácil entender que detrás de una persona difícil siempre hay una historia difícil.

> Te invito a que en este momento recuerdes a alguien que te hizo la vida difícil, aunque tú no hayas hecho algo que lo incitara a ello. A alguien que, en algún momento, hayas tenido que tratar y que, de una u otra forma, te complicó la existencia sin razón aparente o sin motivos personales. Si conoces a esa persona, encontrarás en su pasado razones por las cuales actuó de manera agresiva contigo.

Por supuesto que llegar a esta conclusión requiere dedicar tiempo y análisis pero, sobre todo, humildad para reconocer que siempre habrá motivos para la amargura, el rencor, el resentimiento o la agresividad.

No tenemos por qué pagar los platos rotos y recurrir a las frases que exclamamos en momentos difíciles y nada solucionan:

- **"¡No es justo que mis padres me traten así por lo que ellos vivieron!"**
- **"¡No es justo que mi jefe venga y se desquite conmigo por todas las frustraciones que tiene con su mujer y sus hijos!"**
- **"¡No es justo que mi esposo llegue con ese carácter a la casa por lo mal que le va en el trabajo!"**

La lista podría seguir con muchos ejemplos que tú y yo hemos vivido. Ya sabemos que ni la vida ni las personas son justas en la mayoría de los casos; también sabemos que muchas veces no logramos lo que merecemos y esto es parte de la vida.

Hay circunstancias que dependen de mí, pero muchas no; puedo evitar algunas cosas y otras están lejos de mis capacidades. Lo que conviene es hacer un acto de conciencia sobre lo que sí puedo cambiar. Para esto, te pido responder cinco preguntas que te ayudarán a tomar decisiones basadas en la cordura, y lidiar con personas complicadas:

1 ¿Qué tanto influye en mi felicidad la presencia o ausencia de esa persona?

2 ¿Puedo hacer algo para ayudarla?

3 ¿Qué puedo hacer en este momento para no ser parte de la frustración y amargura que viene arrastrando esa persona desde hace tiempo?

4 ¿Qué acciones puedo realizar para contrarrestar esa relación hostil?

5 ¿He sido parte, la causa de amargura o he dañado a alguna persona de tal forma que se convierta en alguien difícil?

La primera pregunta tiene relación con la falsa creencia de que la felicidad la encontraremos cuando estemos con la persona correcta:

Cuando mis hijos sean las
personas que deseo...
Cuando mi esposa cambie...
Cuando tenga el trabajo ideal con compañeros
amigables y serviciales...

Llegar a una relación creyendo que por fin encontré a la persona con quien puedo ser feliz, es un espejismo terrible. Mi felicidad no puede ni debe depender de los demás. Creer esto es entrar a un juego en el que generalmente se pierde, pues tener altas expectativas de una persona es muy peligroso. Por mucho tiempo nos han dicho que la felicidad viene de dentro hacia fuera. Que nadie puede dar lo que no tiene, y que es imposible que te amen si tú no te quieres primero. La mayoría de los libros de autoayuda llega a esta conclusión y pocas personas lo aplican en sus vidas.

Hoy lo afirmo: "Mientras siga creyendo que mi felicidad depende de quienes me rodean y me traten bien, hagan lo que deseo, sean como yo quiero y me den lo que para mí es sinónimo de reciprocidad en el amor o en la amistad, voy a sufrir y mucho."

Hace tiempo alguien me dijo: "¿Quieres evitar el sufrimiento? No esperes nada de nadie." Por supuesto es una afirmación fuerte. ¿Cómo que no espere nada de nadie? Yo digo

"Te quiero", mínimo para escuchar un raquítico "Yo también".
Trabajo con gusto para darle lo mejor a mi familia, por lo menos espero sentir agradecimiento. A mis hijos les doy la que
considero mejor educación, con el deseo de que sean personas
de bien. Todos esperamos algo a cambio, por eso me resulta
difícil entender "No esperar nada de nadie", al igual que eso de:
"Ayuda y no esperes nada a cambio."

Creo que en el fondo todos esperamos algo. Pero si de
verdad aprendemos de esa frase no esperaríamos nada cuando
damos algo. No daríamos rienda suelta a nuestra mente, crean-
do falsas expectativas acerca de quien demuestra indiferencia.
Lo ideal es hacer un recuento de lo que tenemos y con quién
contamos para no llevarnos sorpresas desagradables.

Sin lugar a dudas, la última pregunta de las cinco es
la más difícil, porque siempre tendremos justificaciones para
nuestros actos.

- **"¡Claro que lo trato mal, pero si lo hago es
porque no sabes lo que él me hizo!"**
- **"¡Sí, reconozco que no soy como quisiera
ser, pero mi rencor ha aumentado por
sus actos incorrectos!"**
- **"¡Quisiera ser un padre amoroso y bueno,
pero sus groserías y arranques me frustran
y no puedo evitar ser así!"**

Es difícil reconocerlo pero criticar, juzgar y humillar, se convierte en la forma más práctica de sacar nuestras frustraciones.

De nuevo te exhorto a que no olvides la ley de causa y
efecto. Todo lo que sembramos tarde o temprano lo cosecha-
mos, con creces.

Heridos

"Ámame cuando menos lo merezca, porque es cuando más lo necesito." Sin lugar a dudas, ésta es una frase que me marcó cuando me quejaba al ver las reacciones de quien yo deseaba ayudar. Alguien que por sus múltiples problemas rechazó una y otra vez la intención genuina de ayudarle, agregando una dosis de resentimiento y molestia. Sabiamente, una amiga me recordó esa frase al expresarle mi malestar.

La gente que ha sufrido o padece una pena tiene dos caminos durante la crisis: dejarse amar y cobijarse con el amor y la comprensión de quienes le rodean, o adoptar una actitud negativa, renuente o inclusive agresiva con quienes desean ayudarle. Como han sufrido, tienen miedo de volver a creer, de que los lastimen de nuevo o dudan en recibir un beneficio en momentos difíciles.

Esto me hace recordar una historia que conocí hace tiempo y se relaciona con el movimiento scout. Como sabes, ahí enseñan, entre otras muchas cosas, la importancia de la "buena acción del día", que consiste en realizar algún acto generoso o noble. Entre todos los aprendizajes relacionados con los valores que fomentan, indudablemente éste es mi favorito. ¿Imagina que todos tuviéramos el firme propósito de hacer una buena acción diaria que beneficie a un conocido o desconocido?

Un joven scout caminaba por una calle de la ciudad y vio a un perro echado en plena vía sin moverse. Estaba herido. Un automóvil lo había atropellado y tenía fracturadas sus dos patas traseras. Los vehículos pasaban cerca y le era imposible levantarse. El joven vio allí una gran oportunidad para hacer una "buena acción" y se dispuso a rescatar al perro herido y ponerlo a salvo. Con mucho amor y entrega se acercó hablándole con palabras dulces y reconfortantes, pero el perro le clavó los dientes en las manos.

Durante mucho tiempo, este joven no entendió por qué el perro lo había mordido si quería ayudarlo. Pasaron muchos años hasta que aquel joven vio claro que el perro no lo mordió, lo mordió su herida.

Cuando alguien está mal, no tiene paz o está herido del alma y recibe amor o buen trato, puede reaccionar igual. A veces nos topamos con pared cuando queremos ayudar a quien sufre, pero pasa el tiempo y entendemos que son personas heridas que piden ayuda, pero a veces su primera reacción es de rechazo o agresividad.

La reacción inmediata de muchos ante esa agresividad es muy similar, ya que el enojo surge porque no valoran la ayuda que ofrecemos. Desafortunadamente, formamos un círculo vicioso donde nadie es favorecido.

Podrás recordar una situación similar cuando en la infancia veíamos como tiranos a quienes nos aplicaban inyecciones para vencer una enfermedad. Recuerdo a Rosy y su cara de bondad —para mí fingida— al decirme: "No te va a doler, Cesarín, y si te duele es por tu bien." Ése era el fin, pero en esos momentos odiaba a quien quería hacerme bien.

El sufrimiento nubla la vista de quien lo padece e impide ver las verdaderas intenciones de quienes nos rodean.

Quiero recomendarte tres acciones para tratar a quienes por dolor, desconfianza, orgullo, soberbia o sin razón aparente, se niegan a ser ayudados.

1 **Tiempo de espera.** No siempre estamos preparados para recibir ayuda inmediata. El tiempo de espera es ese momento que creemos justo y necesario otorgar a quien se niega a ser ayudado. Es el momento de negación o reflexión en el que se digiere poco a poco lo sucedido y se analiza con qué se cuenta.

2 **Palabras adecuadas.** Tremendo error es minimizar una pena con frases como: "No entiendo por qué te pones así". "¡Estás exagerando! Yo he vivido tragedias peores y, tú por nada te preocupas". "Lo que debes hacer hoy mismo es..." "Es que tú no entiendes, te lo dije desde hace tiempo y no me hiciste caso..."

Frases que por más buena intención, en esos momentos de dolor no sirven para nada. No hay nada más reconfortante que saber que contamos con alguien que entiende nuestro dolor; con un oyente activo, en ocasiones las palabras salen sobrando. Hay veces que sólo vale estar ahí.

3 **Tener en mente todas las fortalezas, los logros, los éxitos y las bendiciones de la persona que vive un malestar.** En esos momentos, es reconfortante recordar que incluso en la adversidad siempre hay esperanza, y nuestra vida ha tenido significado.

Es imposible no acordarnos de quienes han estado en nuestros momentos felices, pero jamás podremos olvidar el tiempo y la actitud de quien nos acompañó en los momentos de dolor y nos ayudó a superar la crisis.

Sanando al niño interior

¡Eres un bueno para nada!
¡Aprende de tu hermano, él sí es ordenado. Sus juguetes le duran más porque los cuida!
¡No puedo creer que seas capaz de hacerme sufrir tanto a mí, que soy tu madre!
¡Ya no te quiero por chiflado!

Desesperados por querer que los hijos sean como nosotros, expresamos palabras hirientes que suponemos con el tiempo se olvidan: como son niños, no creemos en su capacidad para guardar esas ofensas en el subconsciente que, dolorosamente, después causan estragos.

Nos convertimos en *niños heridos con disfraz de adulto* y expresamos todo lo que no sanamos en su momento mediante miedos, culpas, agresividad, indiferencia y problemas para entablar relaciones sanas con los demás.

Una de las colaboradoras de mi programa de radio, la psicóloga y terapeuta Margarita Blanco, autora del libro *Sanación emocional del niño interior*, hizo fuertes declaraciones al aire que sin lugar a dudas me conmovieron. Me hizo reconocer y aceptar que 99 por ciento de los adultos son niños heridos que aún no hacen las paces con su pasado.

Cuando a un niño se le restringe el afecto que merece y no le expresan palabras de reconocimiento y aprobación, se torna tímido, llorón, enfermizo, agresivo o rebelde. Lo peor es que crece triste, inseguro o sintiéndose indigno de ser tratado con amabilidad y respeto. ¡Imagina por un momento lo que significa esto!: Una gran cantidad de adultos que se sienten así y no entienden por qué. El sufrimiento y la tristeza son parte de su ser, además de la inseguridad que demuestran ante todo lo que les sucede.

Si en cambio los padres de ese niño le demuestran amor incondicional, lo tratan con respeto y evitan reprimendas constantes con sus clásicos "¡No! ¡No! ¡No!", y mejor utilizan el diálogo, la paciencia y la prudencia para explicar por qué no, el niño crecerá con una autoestima alta, se sentirá digno del amor de los demás y lo reflejará logrando lo que se propone.

Las impactantes investigaciones publicadas por la doctora Stephanie Mines en su libro *We are All in Shock* demuestran la influencia de las emociones en el desarrollo saludable de un niño desde su etapa en el vientre materno. A sólo 27 días de iniciado el proceso de agrupación de células después de la fecundación y siendo el embrión del tamaño de un frijol, ya tiene formado su canal neuronal y el cerebro empieza a trabajar. Por lo tanto, la parte instintiva y la capacidad para sobrevivir está desarrollada desde el primer mes tras la fecundación del óvulo por el espermatozoide. El nuevo ser empieza a percibir lo que sucede a su alrededor. Si la situación de la madre es de constante tristeza o violencia, el cerebro del embrión siente la amenaza de no ser bien recibido, su vida peligra al percibir las descargas de adrenalina y cortisol de la madre en estrés. Lo más triste es que esta huella quedará grabada en lo más profundo de la mente de ese ser y se manifestará en la vida adulta.

El impacto de los primeros años también es crucial en los niños. Creemos que no se dan cuenta de las discusiones y los conflictos que hay en el hogar. Imaginamos que como está jugando o se entretiene con la televisión, no escucha ni entiende el dolor de su madre por diferentes circunstancias que la afectan, pero no es así. Te pido que en este momento hagas un alto en la lectura y recuerdes momentos dramáticos de tu infancia e identifiques la forma en que te afectaron. Momentos que creíste olvidados y que al hacer una introspección afloran en tu mente.

Ahora es más fácil entender que si no hemos hecho las paces con nuestro niño interior, manifestamos mucho de lo vivido con arranques de ira, miedos infundados, relaciones conflictivas y otras expresiones.

La terapeuta Margarita Blanco hace recomendaciones claras y prácticas. Propone ejercicios sencillos que, de preferencia, conviene realizar en un lugar tranquilo, sin interrupciones, con música que ayude a la concentración.

1 El primer paso es reconocerlo. Identificar a ese niño interior viéndote en el espejo fijamente a los ojos, los cuales nunca cambian, son los mismos de años atrás. Recordar que ese niño te acompañará por siempre hasta el último día de tu vida. La especialista recomienda que no desaproveches los espejos que aparecen ante ti para que te veas unos segundos a los ojos y le hables al ser dentro de ti.

2 Háblale a ese niño interior con afecto, amor y cariño, y dile cuán valioso es. Dile que estás ahí para auxiliarlo y recordarle lo mucho que vale y lo importante que es. Exprésale el amor que merece y que probablemente no le dieron en los momentos cruciales de su vida.

3 Busca fotografías de tu infancia. Serán de gran ayuda para reconciliarte con tu pasado y mejorar tu presente.

4 Visualiza momentos de tu niñez y recuerda cómo olía tu casa, dónde estabas frecuentemente. Imagina que vas al encuentro de ese niño que vive en ti y háblale con amor.

5 Si te das la oportunidad de asistir a un taller sobre el tema, será mucho mejor. En la actualidad existen terapeutas preparados para sanar heridas provocadas voluntaria o involuntariamente en tu infancia y causan múltiples problemas en tu etapa adulta.

Es fácil imaginarnos las
terribles secuelas que causan
en un niño los abusos físicos,
verbales, emocionales o
sexuales. Es necesario que
empecemos hoy mismo a
sanar en la medida
de lo posible todas las lesiones
guardadas en lo más profundo
de nuestro ser y buscar
la forma de disfrutar este
instante maravilloso
llamado vida.

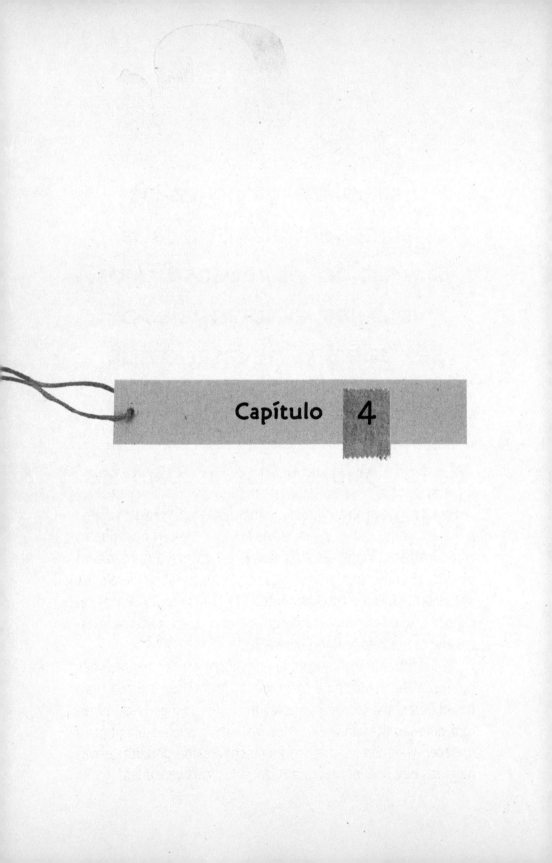

Capítulo 4

NADIE PUEDE HACERTE LA VIDA IMPOSIBLE, A MENOS QUE TÚ LO AUTORICES

En relaciones humanas nadie, absolutamente nadie, puede hacer que tu vida sea un suplicio, sólo si tú lo autorizas.

Así como cada día la vida nos otorga regalos invaluables como ver, oír, comer, amar, también nos ofrece innumerables obsequios que la gente prodiga, entre ellos palabras de afecto, agradecimiento o reconocimientos, merecidos o no. Se nos reconoce o se nos adula para hacernos sentir bien, ganarse nuestro afecto u obtener algún beneficio.

Pero también hay quienes nos ofenden con expresiones hirientes, merecidas o no, que muchos aceptamos sin reservarnos el derecho a rechazar tales expresiones despectivas. Admiro a quienes literalmente se les resbala lo que no aceptan ni merecen y siguen su vida sin engancharse con palabras envenenadas que pueden desestabilizar a los más sensibles.

A cada momento habrá quienes te den este tipo de regalos y tú eres el único que decide darles importancia o ignorarlos. Aceptarlos y responder de igual forma o simplemente dejarlos ahí, donde te los ofrecen. Decir mentalmente "no acepto ese regalo, no es para mí, no merezco esta ofensa y simplemente dejo que se la lleve quien me la ofreció".

No olvidaré jamás la templanza y seguridad que mostró un sacerdote durante una reunión social. Entre los presentes había un hombre que, al saber que él era cura, empezó a manifestar el desprecio que sentía hacia la Iglesia católica, debido a ciertos acontecimientos negativos que involucraban a sacerdotes. Ante más de 20 personas exclamó su malestar por la presencia del religioso, la vergüenza que —según él— debería sentir al portar una sotana, agregando ofensas contra su persona, inclusive por no elegir casarse y formar una familia, poniendo en duda su hombría. El sacerdote, lo escuchó tranquilamente, tomando un refresco y comiendo una bocadillo; dejó que terminara la sarta de ofensas que al parecer guardaba desde hacía mucho tiempo aquel hombre contra la institución que el padre representaba. Al finalizar, el cura lo vio fijamente y sonriente le dijo: "Es tu opinión amigo. La cual es muy respetable. No te digo que la agradezco, pero tampoco la acepto." Y ya.

"Pero dígame, ¡¿qué tiene que decir?!", insistió el hombre.

El sacerdote le contestó que no era el momento ni el lugar para dar su opinión y que con gusto lo recibiría —previa cita— en su parroquia para hablar al respecto. La gente ahí reunida se encargó de reprobar con miradas y comentarios lo expresado por el hombre para dirigirse al sacerdote. El padre siguió conviviendo, ¡como si nada hubiera ocurrido! No aceptó sus ofensas ni mucho menos se las llevó. Probablemente lo molestó —lo cual sería natural— pero no lo demostró.

La lección es clara: no tienes por qué soportar las críticas; simplemente agradece con amabilidad y promete pensar en lo que te digan. Es una decisión personal ante un determinado momento y no podemos dejar que las cargas emocionales de quienes nos rodean nos aplasten a su antojo. Tú decides: "¿Bailas al son que te toquen?" Tú decides si aceptas y te dejas llevar por las emociones de quienes no están a favor de tus ideas o tu forma de ser. Siempre tendrás el control si utilizas la calma cuando otros están ofuscados, y recuerdas que nadie puede hacerte la vida imposible a menos que tú lo autorices.

Las redes sociales se han convertido en un maravilloso instrumento para acercarnos a la gente. Con un comentario o una fotografía podemos recibir cientos o miles de "likes" y aumentar la sensación de sentirnos aceptados. Sin embargo, también se ha convertido en un calvario para quienes son tan sensibles que cualquier crítica o comentario hiriente se convierte en una daga venenosa que se clava en su corazón. Es imposible agradar a todo el mundo, pero es bueno y saludable que lo aceptemos. Existen verdaderos depredadores de la armonía y autoestima de los demás. Seres que viven en una realidad cargada de amargura y les molesta la estabilidad y alegría de quienes los rodean. Si te va bien, tal vez se pregunten: *"¿Qué cochinadas habrá hecho para tener ese puesto?"* Si te ves bien: *"¿Qué se pondrá o cuántas operaciones llevará para verse así?"* Si eres una persona muy querida por todos: *"La hipocresía es algo insoportable para mí. ¡Por supuesto que ha de tener cola que le pisen!"* Total, que si te va bien te critican porque te va bien y se te va mal se regocijan por tu desventura, mitigando con esta actitud su propia desventura.

Durante toda tu vida habrá gente a la que agrades, a la que le seas indiferente o le caigas mal. No entres al juego del ego, esa parte tuya que quiere el reconocimiento de los demás. Ese ego que habita en cada uno de nosotros y necesita alimento para sentirse reconocido y admirado. El ego se alimenta de eso y, si no lo detectas a tiempo, puede causarte sufrimiento al constatar que no eres ni serás nunca *monedita de oro* para caerle bien a todo el mundo.

> **"Es más fácil ponerte sandalias que alfombrar el mundo entero."** Hace años me compartieron este precepto oriental que es cierto, porque nunca podremos cambiar a toda la gente y la gente no puede ser siempre como deseamos.

Es más fácil fortalecer mi autoestima y frenar mi ego. Imponer armonía donde esté y dejar que la gente y las palabras fluyan. Hacer un esfuerzo continuo por ser feliz mediante la aceptación de mi realidad, sin caer en la tentación constante de expresar: "¡Así soy! ¡Si me quieren, bien, y si no, también!" No olvidemos que somos seres sociales y la existencia se facilita con tolerancia y entendimiento.

Si todos fuéramos tan auténticos como deseamos, no habría normas ni reglas sociales; saludaría si quisiera, y si estuviera de buen humor. Digo no y punto, porque tengo derecho a no hacer lo que no me dé la regalada gana. Todos estos son ejemplos extremos, pero llevan una dosis de razón. El exceso de autenticidad no puede ser interpretado como falta de consideración en las relaciones humanas.

Sin embargo, es recomendable recordar que la gente cambia para bien cuando se siente aceptada y valorada. Si llegas a una reunión y el anfitrión te dice que la gente te espera con mucho gusto por lo bien que le caes, entrarás animoso y tu actitud será diferente si te expresan lo contrario. Al sentirte aceptado y valorado harás un esfuerzo extra por conservar esa imagen que tienen de ti.

Comparto contigo una investigación muy original que hace muchos años se realizó en una importante universidad de Estados Unidos. Se solicitó a un grupo de estudiantes platicar durante unos minutos con personas que no conocían. Durante varios minutos los estudiantes platicaron a los desconocidos sobre sus vidas, hobbies y metas que deseaban cumplir a corto y largo plazo. Después de casi una hora salieron del salón. A la mitad de los estudiantes les dijeron que las personas con quienes platicaron les cayeron muy mal, les causaron una pésima impresión. A la otra mitad le dijeron todo lo contrario, que las personas con las que platicaron se quedaron con una impresión muy satisfactoria.

Luego les pidieron platicar con las mismas personas unos minutos más. A quienes se les dijo que fueron rechazados o cayeron mal (no era cierto) entraron con una actitud apática, indiferente, cruzaron los brazos y evitaron sonreír a quienes supuestamente resultaban antipáticos. Al otro grupo, al le que dijeron que habían causado grata impresión, entraron con una actitud totalmente positiva. Alegres, sonrientes y más platicadores que antes. De esta forma se comprueba que los supuestos pensamientos de la gente sobre nosotros condiciona por completo nuestro comportamiento. Ahora imagina cuántas veces pensamos cosas que no son. Creemos o pensamos que alguien no nos quiere o no nos acepta y cambiamos nuestra manera de actuar por los sentimientos generandos.

Si de antemano sabes que no eres bienvenido, existe una gran posibilidad de que no hagas el menor esfuerzo por agradar o ser amable con quienes no te valoran ni aceptan. Sólo quienes tengan esa necesidad innata de ser aceptados se esforzarán por cambiar la opinión acerca de su persona. Su astucia, inteligencia y carisma pueden ponerse en marcha para cambiar hasta al más arisco.

Deseo que consideres estas primicias y, si lo crees conveniente, las agregues en el menú diario de tu vida.

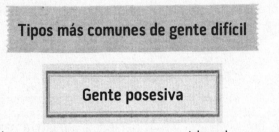

Tipos más comunes de gente difícil

Gente posesiva

Dentro de las numerosas personas consideradas posesivas, incluyo a tres: *posesivos de personas, posesivos materiales y posesivos de ideas.*

Los tres pueden convertirse en un calvario para quienes conviven con esta gente complicada, ya que las ganas de controlar se relacionan con carencias en diferentes áreas y etapas de sus vidas.

Posesivos de personas

Inicio con la gente posesiva de personas, cuyos celos fundados o infundados desgastan hasta las relaciones más fuertes.

¿Te celo porque te amo?

El celoso sufre más por lo que se imagina que por lo que ve.

En uno de mis viajes como conferencista, fueron al aeropuerto por mi asistente y por mí, Fernando y Sara, quienes llevaban treinta años de matrimonio. Los dos desde el principio me cayeron muy bien.

A leguas se veía que el liderazgo en esa relación no era compartido: la mujer se notaba de carácter más fuerte, dominante, decisiva. En otras palabras, se veía *¡gallona y calzonuda!* Él, serio, algo sumiso pero feliz, como si prefiriera llevar la fiesta en paz y así evitar problemas. Aplicaba a la perfección la recomendación: "¿Qué prefieres, tener la razón o ser feliz?"

Al notar esta situación no me quedé con las ganas de preguntar cuál era su secreto para sobrellevar una relación de tantos años. De inmediato y sin dar oportunidad a que el hombre hablara primero, ella contestó: "Confianza, mucha confianza y no perder jamás ese tesoro de creer ciegamente en él"; y agregó: "y que espero jamás deje de valorar". Fue todo lo que contestó. La respuesta de él fue: "Paciencia, paciencia y más paciencia", relativamente fácil de interpretar, dadas las circunstancias.

"Sara, ¿eres celosa?"

"¡No, doctor! Sólo lo normal."

"¿Y qué es lo normal?", pregunté.

"Pues siempre verifico dónde anda, con quién anda, a qué hora llega, lo llamo varias veces para ver que esté bien." Y añadió: "Le reviso su ropa, su celular y hasta su ropa interior". (¿Así o menos celosa?)

Mi asistente y yo nos reímos mucho con su respuesta, creyendo que se trataba de una broma, y ellos también rieron de muy buena gana, pero al final el hombre dijo con tono serio: "Es verdad lo que acaba de decir."

"¿Qué? ¿Pero cómo?"

La mujer dijo: "Lo quiero tanto que más vale cerciorarme siempre de que mis propiedades estén bien resguardadas."

"¿Mis propiedades?", pregunté. Nuevamente me reí de muy buena gana, pero fui el único que lo hizo. Hubo un silencio incómodo durante varios minutos... sentí esos momentos en que uno se pregunta si el comentario estuvo fuera de contexto.

Al llegar al hotel pensaba en ese episodio que me dejó grandes enseñanzas.

La primera fue: ¿Qué historia tendrán para que ella reaccione de esa forma? ¿Habrá motivos suficientes para controlar así el comportamiento de su pareja? ¿En qué momento se pierde la cordura al creer que vigilar es la mejor estrategia para conservar? ¿Es eso amor?

Meditar sobre este suceso me inspiró una de mis frases matonas, que espero algún día sea célebre: "Celar nada puede significar indiferencia o madurez; celar tantito, que te valoro mucho; celar mucho, que no me valoro nada."

En una ocasión mi esposa y yo íbamos en el auto y se atravesó, digamos, "algo digno de verse". Mi esposa me preguntó: "¿Qué le ves a ésa? ¡Está toda operada!" (por cierto, con muy buenas operaciones.)

Ese comentario para mí sin importancia hizo que me sintiera "producto utilizable". También muy valorado, lo cual estoy seguro de que no hubiera tenido el mismo efecto, si ese tipo de situaciones se repitieran con frecuencia.

Las causas de los celos son muchas y muy variadas, entre las más frecuentes están:

1	***Personas que aman demasiado y tienen gran temor de perder el cariño de alguien.***
Por supuesto, todos deseamos que el amor que profesamos sea para toda la vida, pero es imposible obligar a alguien a que nos quiera. Gran cantidad de relaciones terminan por celos infun-

dados de uno de los dos: suponer lo que no es, creer lo que no existe, hacer castillos en el aire con suposiciones infundadas ante el miedo tremendo de perder el amor de su vida. Atosigar, es la mejor forma de demostrar el poco aprecio a una relación. Dale espacio, aunque tus ganas de tener cerca a ese ser sean demasiadas. Te recuerdo: entre más expreses la necesidad del amor de alguien, exijas o ruegues que nunca te dejen, más denigras tu dignidad y amor propio. Tu seguridad y autoestima —aunque sea fingida— siempre será una estrategia para valorar el amor que se tiene.

2 *La terrible y desgastante baja autoestima pues hace creer a las personas falsamente que alguien vale mucho más que él o ella.*

Esto es más común de lo que te imaginas. Sentirse indigno de alguien tan valioso y que ha logrado tanto, fruto de su esfuerzo y entrega. Cada día se documentan más casos de relaciones conflictivas por celos basados en el éxito de la pareja o quien cree que es su pareja, pero no lo sabe.

En mi conferencia "Mujeres difíciles, hombres complicados", hablo de la gran responsabilidad de ciertas parejas que no logran estabilidad por la enorme necesidad de reconocimiento que uno de los dos tiene: se siente menos por múltiples razones, conflicto que arrastran desde mucho tiempo atrás.

Recordé el caso de la esposa de un amigo. Era inteligente y de muy buena posición económica. Graduada y con maestría en una de las universidades de más prestigio en el país, madre de tres maravillosos hijos, católica practicante, jamás se permitía faltar a la celebración semanal de la misa. Un domingo, como de costumbre, acudieron al templo y mi amigo no quiso comulgar. Después él me platicó de la mirada fulminante de su esposa al levantarse y ver que él no recibiría la comunión.

Al salir del templo la tensión era evidente. El silencio incómodo y la molestia de la mujer creció poco a poco. Posteriormente, vino el increíble reproche de los supuestos motivos de no comulgar. "¿Qué tipo de pecados cargas para no recibir el sagrado sacramento?" ¡Imagínate! La mujer recriminaba una relación tan íntima y personal con Dios. ¡Si él había decidido no hacerlo era algo personal y nadie tenía derecho a interferir ni a investigar en algo tan privado! ¿Insegura o celópata?

Mi recomendación, la cual fue solicitada por él, fue acudir con su asesor espiritual, quien de inmediato le hizo la misma aclaración a ella. La pareja no puede meterse en una decisión personal espiritual.

Es necesario agregar que la historia personal de la mujer estaba basada en muchos conflictos familiares, donde la figura paterna, autoritaria y difícil de complacer, era parte de la dinámica familiar. Su padre, un hombre de carácter fuerte e inexpresivo, exigía demasiado a sus hijos e hijas. Nunca estaba conforme con nada y siempre expresaba la posibilidad del *esfuerzo extra*. Por más alta calificación que sus hijos obtuvieran, incluyéndola a ella, siempre exigía más. Esa necesidad de agradar pudo ser el detonante de sus celos infundados y fuera de lugar.

Pero no sólo en relaciones de pareja sino entre familiares o amigos pueden existir sentimientos de inferioridad que llevan a la gente a expresar su malestar con quienes aman. Es difícil aceptarlo, pero el éxito puede molestar a ciertas personas que te rodean, incluyendo amigos o miembros de tu propia familia, que dicen quererte o alegrase con todo lo que logras, fruto de tu esfuerzo. En el fondo te envidian. Fuerte declaración la que hago en este momento, pero estoy seguro de que millones de personas lo han padecido.

3 **Personas con relaciones tormentosas, en las que el amor se manifestaba de manera agresiva y posesiva.**
El hecho de que te haya ido "como en feria" en relaciones anteriores no significa que en el presente o en el futuro ese martirio te persiga. Sin embargo, buscamos los absolutos: creer que todos y todas son iguales. Guardamos en el inconsciente hechos lamentables o traumáticos que afloran en nuevas relaciones y dan al traste con lo que en principio pintaba como algo maravilloso.

En una ocasión, un radioescucha me comentó su enorme tristeza por un divorcio sin razones fundadas. Su esposa, o mejor dicho, su ex esposa, lo hostigaba constantemente. Lo investigaba o verificaba si acudía a los lugares que él iba. Revisaba su ropa, su celular, su computadora. El pasado de esa mujer estaba basado en dos relaciones que terminaron en infidelidad. Amenazaba al tercero, decía que jamás se lo perdonaría. Que nunca más soportaría una traición como en las dos relaciones que había tenido. Su amenaza se convirtió en decreto que la martirizaba. Él no la engañó nunca, pero terminó por divorciarse y ahora él tiene una nueva relación con quien es muy feliz. ¿Qué fuerte, no?

4 **Antecedentes de padres celosos y posesivos.**
Herencia maldita adquirida muchas veces de generación en ge-

neración, donde la incertidumbre por la veracidad del amor de la pareja está latente.

Recordé el testimonio de un hombre celoso: historia cargada de reproches hacia la esposa por dudas infundadas; ella siempre era humillada con las suposiciones más absurdas de probables infidelidades. La última y más significativa fue querer saber nada más y nada menos sobre... ¡sus sueños! ¿En qué o con quién soñaba? Era el martirio más grande de este hombre de 50 años.

Cuando le pregunté si alguna vez ella le había dado algún motivo que fortaleciera su duda me contestó que nunca. Pero que no se podía confiar en una mujer, dijo, consejo de su padre, que en paz de descanse.

Ya entrando en detalles, y agregando razones por las cuales él tenía sus dudas, supe más cosas, el colmo fue enterarme de la historia de sufrimiento de su madre ante la celotipia de su padre. La señora de 72 años enfermó de cáncer de seno, detectado tardíamente por una negativa del marido, ¿sabes por qué? Ningún hombre o mujer debería ver los senos de su esposa. Ella fue tratada sólo por doctoras de edad avanzada, y a regañadientes, buscando siempre que ningún médico varón la viera. Cuando ella entró en agonía por la enfermedad (y no me refiero a toda la agonía que vivió con ese carcamal por los celos), el señor, con gran dolor, o mejor dicho, con gran preocupación, expresó a la familia un temor más, una incertidumbre que lo consumía: al morir su mujer la gente de la funeraria la vería... ¡desnuda! ¡El colmo! Extraño, pero real. Con base en esa historia de su padre, pueden entenderse, mas nunca justificarse, los celos de aquel hombre, ¿no te parece?

5 Desconfianza de la persona en cuestión (la burra no era arisca, ¡la hicieron!)

Perdonar una infidelidad no es tarea fácil, pero sí posible. Quienes lo han hecho saben que existen razones suficientes para aceptar el reto de continuar con la relación. Nunca es bueno ni saludable juzgar a quien decide perdonar un error de esta magnitud, ya que cada caso es diferente; depende de los antecedentes, el amor que se profesan, las razones que nadie conoce y llevaron a la infidelidad. Sin embargo, el proceso es lento y muchas veces doloroso por la capacidad que tiene la mente de regresar al pasado y preguntarse una y otra vez por qué, sin tener respuestas acertadas. Lo que más desea quien cometió el error es que se olvide, quien vive el agravio, es olvidar. En este caso, hay un botón invisible que es mejor no tocar, porque llena de dolor. Es el botón que toca el engañado en ciertos momentos para recordarle a su pareja la falla que tanto lamenta y desearía no haber padecido.

Esos sentimientos son naturales, forman parte de la penitencia, pero también es saludable que al pasar la crisis se hable, se exprese todo lo que se siente y se llegue a acuerdos para evitar el recuerdo que tanto lastima.

De acuerdo con expertos en celos fundados o infundados, la obsesión ocurre cuando la relación genera un continuo y profundo malestar a uno de los dos, alterando y paralizando su vida cotidiana; cuando ese malestar hace perder la capacidad de controlar impulsos y mantener comportamientos racionales.

En otras palabras, el celópata no deja vivir al otro en paz y lo convierte en el centro de su existencia, relegando todo lo demás a segundo plano. Busca siempre saber más sobre él o ella, vigila todos y cada uno de sus movimientos; su dependencia emocional es tan fuerte, que puede compararse con una adicción. De hecho, no saber todo lo que hace o piensa el ser que ama tanto le hace dudar de su amor. Esa sensación se compara con los signos y síntomas de un síndrome de abstinencia.

> **La desconfianza, la inseguridad y la baja autoestima son las principales causas de los celos enfermizos. Hacen sentir al celoso verdadero pánico ante la posibilidad de que la otra persona no manifieste su amor como merece o dice merecerlo.**

Lo ideal para no tener celos es sentirse completo y recordar una y otra vez que mi felicidad no depende de un ser humano. Los celos pueden surgir no por malicia, sino porque se puede tener un sentimiento de no estar completo con lo que tengo, con lo que soy, y trato de llenarme de esa forma. Al ver a alguien que en apariencia está más completo que yo, tengo una sensación extraña, sentimientos encontrados.

El método de vivir en armonía, sin celos, es entender, aceptar, incluso afirmar que lo que tengo es perfecto y me basta. Estar de acuerdo con esto me llevará a un estado más elevado de conciencia y, consecuentemente, no sentiré celos hacia los demás. Cuando una persona se siente amada, llena y valorada, no tiene por qué sentir celos de nadie ni de nada.

Si aceptas que tienes celos y deseas no complicar más tu existencia y la de quien amas, no intentes cortar de tajo a sus amistades de siempre, porque tu pareja te lo reprochará y llegará el momento en que esa acción se revertirá sobre ti con el tedio y el desgano en la relación.

Por último, te sugiero que vivas el aquí y el ahora. Deja de crear en tu mente historias inverosímiles de hechos que no han sucedido y tal vez nunca sucederán. Vive el momento y lleva armonía adonde quiera que vayas. Vive de tal manera que, cuando no estés, se te extrañe, se desee verte o estar contigo por ser quien eres, no por lo que exiges o suplicas.

Posesivos materiales

No me quiero ir al extremo de quienes dicen tener alto grado de iluminación y proclaman que lo material no importa. Claro que las cosas van y vienen, pero el coraje o la frustración de que te quiten lo alcanzado con tanto esfuerzo afecta a unos más y a otros menos.

Duele más cuando cierto objeto va unido a un recuerdo. No falta la persona que en su ira exprese su enojo desmedido deseando el mal a quien le robó el reloj de su abuelo o la medalla de su madre, recuerdo de un día muy especial.

Duele, lastima, causa frustración. Sé que a muchos nos ha ocurrido. Todos hemos sido víctimas de ladrones que sin importarles nada te roban lo que te corresponde, sin ningún remordimiento, enriqueciéndose a costa de los demás.

El día que me relataron la siguiente
historia me di cuenta de la trascendencia y
gran diferencia que existe entre tener y ser.
Se cuenta que en el siglo pasado un turista
norteamericano fue a la ciudad de El Cairo,
Egipto, con la finalidad de visitar a un famoso
sabio. El turista se sorprendió al ver que el
sabio vivía en un cuartito muy simple y lleno
de libros. El único mobiliario eran una cama,
una mesa y un banco.

—¿Dónde están sus muebles? —preguntó el
turista. Y el sabio, rápidamente,
también preguntó:

—¿Y dónde están los suyos?

—¿Los míos? —se sorprendió el turista.

—¡yo estoy aquí sólo de paso!—

—Yo también —concluyó el sabio—. La vida en
la tierra es solamente temporal.

Es difícil entenderlo cuando somos educados bajo la consigna de tener para ser, y más difícil cuando aceptamos que desprenderse de dinero o bienes es imposible, por miedo al futuro. Por supuesto, hay que prever, pero sin olvidar tener para vivir y no vivir para tener.

Estamos de paso y, efectivamente, lo mucho o poco que tengamos se va a quedar cuando nos vayamos. Nada se irá con nosotros. Sin embargo, durante nuestra estancia en esta tierra, en el fondo de nuestro corazón deseamos vivir lo mejor posible y cuando se trunca ese objetivo —que puede estar sobrealimentado por el ego—, el dolor se hace presente. Reaccionamos con tristeza, dolor, rencor, inclusive odio contra quienes nos quitan lo que creemos es nuestro para siempre.

Existen seres posesivos que en forma extrema viven atesorando, guardando, recogiendo cuanto pueden. El miedo se apodera de sus vidas y mentes, haciéndoles creer que poseer es sinónimo de felicidad. Y cuando no tienen algo, el dolor los agobia y su dificultad para desprenderse de una casa les causa mucho sufrimiento.

Probablemente sabes de personas con tantas carencias afectivas que intentan cubrirlas acumulando cosas o animales. Esos excesos pueden dañar la autoestima y el desarrollo de cualquier ser humano.

Posesivos de ideas

No discutas con quienes buscan desestabilizarte. Recuerda, quien más discute, más carencias tiene. ¡Hay niveles!

¡Claro que hay niveles! ¡Hasta los perros tienen razas! Y, sin ánimo despectivo, tú sabes que hay niveles en la forma en que la gente reacciona y trata a los demás. Así, quienes no se miden ni tienen la mínima consideración en expresar sus ideas y conceptos, aunque puedan estar fuera de lugar, siempre opinan y creen tener la única opinión importante. No escuchan razones ni argumentos; no soportan la contradicción ni mucho menos que dudes de sus *amplios conocimientos* sobre el tema. Aunque se dan cuenta de que están equivocadosa, se hacen los enojados y ofendidos antes aceptar su error.

¿Conoces a alguien así? Más adelante hablaré de un tipo de gente difícil, los que se creen perfectos. En ese apartado ampliaré algunas recomendaciones que hago a continuación.

Hay algunas estrategias que pueden contribuir a sobrellevar a esta gente posesiva de ideas, dependiendo de la importancia que tengan para tí. Si esa persona *está de paso* en tu vida, no le dediques más tiempo ni energía.

Ante esa persona piensa que no la conoces, no sabes ni te interesa su historia, no tienes ningún vínculo familiar, profesional ni afectivo —ni te interesa tenerlo. Así que deja que insista en defender sus ideas, déjala hablar —es lo que generalmente desea— y concluye el diálogo sin molestarte ni inmutarte, dile que respetas su forma de pensar, pero tú opinas diferente y punto final. ¡Y a otra cosa, mariposa!

No pretendo convencer a nadie de que no tiene importancia en mi vida, ni tampoco podrá cambiar mi forma de ser.

Si el posesivo de ideas es alguien importante en tu vida y deseas seguir siendo parte de la suya por el vínculo que los une, sea profesional, familiar o social, entonces te recomiendo adoptar un tono diferente.

Claro que puedes aplicar la estrategia anterior, y funciona. Pero recuerda que lidiar con alguien así puede ser desgastante, ya que las diferencias pueden presentarse en el futuro y esta estrategia puede interpretarse como indiferencia o creer que le *sigues la corriente* a quien no vale la pena.

Para contribuir a la armonía, puedes aplicar las técnicas que a continuación te recomiendo:

1 "Tienes razón en esto. Sin embargo, yo pienso diferente por lo siguiente..."

2 "¿Podrías explicarme por qué llegaste a esa conclusión?" Al confrontarse con él mismo, tal vez sus propios argumentos le abran el entendimiento.

3 "Interesante tu punto de vista, es muy diferente al mío, pero podemos pedir otra opinión."

4 "Entiendo el porqué de tu insistencia. En tu caso, yo estaría igual, sin embargo, creo que es bueno analizar las diferencias para llegar a un acuerdo."

5 "Creo que no es el momento de llegar a una conclusión porque insistes en tu argumento y yo en el mío. ¿Qué te parece si lo pienso, lo piensas y lo hablamos después?"

Claro que en cualquier situación siempre existirán diversas interpretaciones. Ponerme en los zapatos de quien obstinadamente defiende su punto de vista ayuda a comprender sin necesidad de justificar. Recuerda, en toda discusión hay tres opciones: *tu verdad, mi verdad y la verdad*. El objetivo es llegar a *la verdad*.

Seamos sinceros, todos nos hemos entercado con un argumento y el hecho de que el nuestro sea desechado duele, desequilibra o inclusive desquicia. Nada mejor que dar luz sin ofender ni hacer sentir mal. Dejar que a quien se convence pierda con dignidad, es tu consigna.

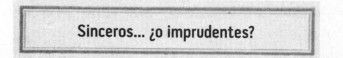

Sinceros... ¿o imprudentes?

¿Cuántas atrocidades cometemos por exceso de sinceridad, la cual peca de imprudencia? Quien es imprudente en su forma de actuar o hablar defiende su proceder, argumentando su sinceridad excesiva, la cual no es comprendida por gente sensible.

"Mira, de todo se enoja. ¿Pues qué le pasa? ¡Si lo único que dije fue la verdad!"

"¡Odio ser hipócrita y por eso digo la verdad y si les cala, pues es su problema!"

"¿Te caló lo que te dije? Pues ni modo. ¡Pelos no tengo en la lengua! Así soy".

"Si no te digo yo las cosas... ¿quién te las dirá? Porque nadie, ¡NADIE te conoce como te conozco yo!"

Cuando escucho comentarios como los anteriores, me pregunto lo siguiente: ¿Quién les da el derecho a decir lo que les venga en gana?

¿En qué momento se les otorgó el derecho de juzgar a diestra y siniestra mis acciones y las de los demás?

¿Dónde obtuvieron los conocimientos psicológicos o psíquicos para saber a fondo nuestros pensamientos y sentimientos o el porqué de nuestras acciones? Y, sobre todo, ¿quién les dijo que con palabras hirientes la gente va a reaccionar favorablemente?

Aunque exista una justa razón para hacer ver un error, siempre será necesario medir las palabras para evitar daños en la autoestima de los demás.

Recuerdo a un familiar que en cuanta reunión había tenía la costumbre de causar malestar por sus comentarios hirientes y de muy mal gusto dirigidos a primos, sobrinos y tíos. Hacía sus comentarios incluso antes de tomarse unos tragos, pero subían de tono bajo los influjos del alcohol, lo cual ocasionaba discusiones interminables y el llanto de alguno:

"Miren a mi sobrina, ¡pero qué repuestita estás! Tenías muy bonito cuerpo... ¿qué te paso?"

"Cesarín, ¿te desvelas mucho estudiando o qué? Te ves muy fregado, muy amolado..."

"Tus hijos son muy inquietos, ¿verdad? Llegaron y nos pusieron a todos los nervios de punta".

"¿Qué es esto? ¿Arroz o engrudo? ¿Quién lo hizo?"

"No, gracias. Postre no quiero, la última vez que probé uno tuyo tuve chorrillo tres días".

También me acuerdo del día en que le presenté a mi abuela a una nueva novia. Y ella, sin afán de ofender, "inocentemente" me preguntó:

—¿Es la misma que me trajiste hace dos meses o ya es otra? Porque la otra estaba más delgadita... (¡zas!)

No exagero, todo fue verdad. Es lo que recuerdo cuando tenía escasos 19 años, además de lo que no escuché, o mejor dicho, no quise escuchar.

Es recomendable diferenciar entre quienes son imprudentes y los que son demasiado inocentes y dicen las cosas sin medir consecuencias, nunca con el afán de ofender ni herir, como mi abuela a quien tanto quise.

Imprudentes son quienes no miden sus palabras y no conectan el cerebro con la lengua.

La imprudencia surge hasta en las mejores familias. Si no, habría que preguntarle a Felipe, Duque de Edimburgo, esposo de la reina Isabel II, que en reiteradas ocasiones se ha distinguido por sus comentarios fuera de tono: en 1998 felicitó a un grupo de ingleses que realizaron un recorrido por Papúa Nueva Guinea, ¿y saben que les dijo? "Han conseguido no ser comidos por los nativos."

Este tipo de comentarios, aparentemente expresados en plan de broma, son descuidos que se quedan en la mente de quienes están involucrados y cambian por completo la imagen de la persona que los expresa sin cuidar formas ni contenidos. Quien los hace no analiza las consecuencias de palabras ni tampoco el objetivo que persiguen con sus acciones. Encuentran complicado diferenciar lo bueno de lo malo, lo socialmente aceptable de lo inapropiado; por eso es muy común que cuando alguien critica su comportamiento, ellos se sorprenden porque no encuentran nada irregular en él. Eso mismo provoca que no procuren un cambio de actitud.

Imprudentes son quienes por defender su sinceridad dicen lo que les viene en gana, precisamente porque les gusta hablar con la verdad.

Imprudentes son quienes, defendiendo su honorabilidad, *ponen en su lugar* a los que atentan contra su buena imagen, sin analizar las palabras ni la educación de quien los ofendió. Es una imprudencia discutir con quien no tiene educación. Te recuerdo que se critica más a quien ataca al ignorante. *A veces el silencio inteligente es la mejor estrategia.*

Imprudentes son quienes *odian la hipocresía* y juzgan severamente a quienes no actúan o son como ellos, como *deberían* ser. Dicen sus razones y sus argumentos como lanzas venenosas que provocan daños irreparables.

Por supuesto, todos tenemos derecho a expresarnos —es un derecho y una obligación—, pero no a humillar, ofender ni hacer sentir menos a seres humanos con almas similares, pero en diferentes circunstancias.

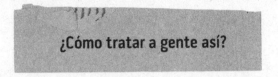

¿Cómo tratar a gente así?

Mi recomendación es clara, directa y sin pelos en la lengua, es decir, ¿podría considerarse recomendación imprudente? Espero que no. Te sugiero que los pares o detengas *en seco*. ¿A qué me refiero? A dos extremos. El primero, no hacer caso de lo que se dijo sin molestarte en contestar ni defender algo que no vale la pena. Una mirada de desaprobación por el comentario y sigue tu vida sin darle importancia a quien no la merece. No es fácil, porque se involucran sentimientos, pero te aseguro que funciona, y ¿sabes qué es lo mejor? Que quienes te rodean se convierten en testigos involuntarios de esa escena desagradable y admirarán tu porte y categoría al hacer *oídos sordos a palabras necias*.

La segunda forma de parar tajantemente es que sin enojarte —o no demostrando tu irremediable enojo— digas que agradeces su interés en decirte eso, pero no aceptas la forma ni las palabras utilizadas para hacértelo ver. Eso sólo si aceptas que en el fondo hay algo que pudiste hacer mejor. Si no lo aceptas porque no tiene nada de verdad, también páralo en seco diciéndole que le agradecerás que se guarde su comentario u opinión no solicitada. Y sigue como si nada. Si puedes solicitárselo en privado, será mucho mejor.

Sé que es una estrategia que puede ser interpretada como agresiva, pero creo es fundamental desde el principio no darle juego a quien no sabe medir sus palabras.

Sobre esto, recordé una fábula de Jean de la Fontaine:

Un león era dueño de muchos prados, bosques y de un gran rebaño de ovejas. Reinaba feliz en su territorio.

Un día, en un lugar vecino, nació un leoncito pero quedó huérfano. Entonces, el rey león llamó a su visir, un zorro astuto e inteligente, y le dijo:

—¿Qué te parece si traemos al huerfanito y lo criamos?

El zorro pensó y respondió:

—Mi señor, yo nunca me compadezco de huérfanos como esos. O hay que ser amigos o destruirlos antes de que se hagan fuertes.

Pero el rey león no escuchó estos consejos e hizo traer al leoncito a su territorio. Transcurrió el tiempo, el rey envejecío y el leoncito se hizo más fuerte y devastó toda la región, causando grandes matanzas.

Llegaron reclamos de todos lados por los daños que causaba el joven león. Le daban alimentos para calmar su apetito feroz, pero era incontrolable.

Tarde se dio cuenta el rey león que debió escuchar los consejos del zorro y de esa manera evitar grandes problemas.

La moraleja es clara. Es maravilloso tener siempre en mente la disposición de ayudar, pero a quienes no se conviertan en una calamidad. Dejar que prospere la semilla del mal es una imprudencia con resultados fatales.

Hay personas que reciben comentarios imprudentes como: "¡Pero qué tonta eres al permitir eso!" Y ellas, sumisas, contestan: "¿Verdad que sí? Soy muy tonta." Con esas respuestas ¡les das permiso para que en el futuro te traten de esa forma o peor!

De nuevo, como en todas las estrategias para tratar con gente difícil, varía su aplicación según el nexo que te une a ella. Cuando es un familiar, por supuesto que funciona lo expuesto, pero agregando el diálogo y el entendimiento. Debes preguntarte:

- **¿Qué lo hace actuar así?**
- **¿Qué carga tiene para expresar tanta amargura en sus palabras?**
- **¿Qué puedo hacer para ayudarlo a abrir su entendimiento, para que no hiera con sus palabras a más personas y no siga sembrando enemigos por doquier?**

Si reconoces o aceptas que tú eres el excesivamente sincero —por no decirte imprudente y herir tu susceptibilidad—, te ofrezco las siguientes recomendaciones:

- **Piensa antes de actuar. Analiza tu pasado y di honestamente si lo que has obtenido en tus relaciones es lo que deseas en el presente y en el futuro. Acepta que esos comentarios tal vez dañaron a personas y tu imagen pudo deteriorarse.**
- **Antes de hablar analiza las consecuencias de tus palabras en el futuro. Sólo se requieren unos segundos para este análisis.**

¿Lo que voy a decir es importante?

¿Podría sostener este argumento ante quien sea en el futuro?

¿Cuál es la forma más sutil e inteligente para decir lo que quiero expresar?

Recuerda: "Todo lo que decimos habla de nosotros y deja al descubierto quienes somos en realidad." El fin no justifica los medios, en especial cuando queremos agregar buen humor en un lugar; es importante no hablar de más ni decir cosas que incomoden a los presentes con el afán de entretener.

• Debemos analizar brevemente con quién platicas. *¿Qué tipo de gente me rodea y qué les gustaría escuchar de mí? ¿Qué no es conveniente expresar aquí?*

• No olvides que hablar de más también es una imprudencia. No sólo preguntar, también contar vida y obra de ti y de quienes conoces. O hacer mofa de alguna anécdota de nuestra pareja o los hijos, cuando es un capítulo que desean olvidar. Este comportamiento es típico en reuniones donde deseamos ser el centro de atención o tener nuestro minuto de fama y alegría a costa de una anécdota fuera de lugar, de alguien presente o ausente.

La mejor recomendación es la frase:

"Si no tienes algo bueno que decir, mejor no digas nada."

A continuación comparto contigo la bella reflexión "El arte de hablar y la virtud de callar" de autor anónimo:

Hablar es fácil, pero callar requiere prudencia y dominio.
Hablar oportunamente es acierto.
Hablar frente al enemigo es civismo.
Hablar ante la injusticia es valentía.
Hablar para rectificar es un deber.
Hablar para defender es compasión.
Hablar ante un dolor es consolar.
Hablar para ayudar a otros es caridad.
Hablar con sinceridad es rectitud.
Hablar de sí mismo es vanidad.
Hablar restituyéndote fama es honradez.
Hablar disipando falsedades es conciencia.
Hablar de defectos es lastimar.
Hablar debiendo callar es necedad.
Hablar por hablar es tontería.

Callar cuando acusan es heroísmo.
Callar cuando insultan es amor.
Callar las propias penas es sacrificio.
Callar de sí mismo es humildad.
Callar miserias humanas es caridad.
Callar a tiempo es prudencia.
Callar en el dolor es penitencia.
Callar palabras inútiles es virtud.
Callar cuando hieren es santidad.
Callar para defender es nobleza.
Callar defectos ajenos es benevolencia.
Callar debiendo hablar es cobardía.

Debemos primero aprender a callar
para luego hablar.

Víctimas

La víctima es una personalidad difícil, representa el cúmulo de acontecimientos negativos que carga a lo largo de su existencia. Pueden ser millones de hombres y mujeres, cuyas vidas se han caracterizado por problemas, agravios, dolor y resentimiento no superados. Niños heridos disfrazados de adultos, que muestran a los demás las llagas de tantas ofensas y agravios.

Las víctimas tienden a agrandar problemas y a minimizar aciertos y motivos para agradecer. Pueden seres histriónicos al expresar sus múltiples razones por las cuales la gente no los comprende ni los ama como merecen.

Su vida habla del culto al sacrificio, son las víctimas de los actos de toda la gente desconsiderada que no sabe valorar lo buenos que son.

Pueden tener algún grado de culpabilidad que los hace aceptar responsabilidades que no pueden o no quieren enfrentar; y sienten cierto compromiso por querer agradar y, por lo tanto, se convierten en víctimas de las circunstancias al ver que se aprovechan de su nobleza.

Una abuela bondadosa, entregada y con signos de sumisión —generalmente heredados de un marido dominante—, deseosa de agradar por amor o compromiso hacia su familia, un día cualquiera recibe una petición de ayuda de su hijo: "Mamá, ¿nos cuidas por favor a los niños? Vamos a ir a una boda y no pueden ir con nosotros." La señora, con artritis, insomnio de varios días, cansancio acumulado, achaques al por mayor, reales o imaginaros por el paso de los años, contesta "por supuesto que sí", cuando en el fondo de su corazón lo que menos desea es cuidar a nadie, y mucho menos jugar o ver en la televisión caricaturas de monos insoportables con sonidos de todo tipo que la martirizan.

Ese día no desea —y muchos días tampoco— cuidar niños, labor que por muchos años desempeñó sola, sin el apoyo de nadie, como para que después de tantos años se lo sigan solicitando. Retomando su papel de abuela buena —porque así lo marcan los cánones de la sociedad y las buenas familias— acepta sin querer la petición, lo cual la coloca en el rango de víctima incomprendida, en lugar de hablar de sus limitaciones y aprender aunque sea en forma tardía a decir un saludable "NO".

Qué diferente hubiera sido esa escena si actuara así:

—Mamá, ¿nos cuidas por favor a los niños? Vamos a ir a una boda y no pueden ir con nosotros.

—No, hoy no. Lo siento mucho, de verdad, pero estoy muy cansada, me duelen mucho las piernas y además no he podido dormir bien; hoy he decidido acostarme temprano para recuperarme. Busquen a alguien que los ayude. ¡Los quiero, y mucho! ¡Que se diviertan en la boda y saludos a los niños! ¡Adiós!

¡Les cierra la puerta! ¡Y que Dios los bendiga!

Estoy consciente de que lo anterior no será del agrado de

muchos lectores que reciben el apoyo de sus padres al cuidar a sus hijos mientras trabajan o se divierten. Sin embargo, es una realidad que no siempre desean ver.

En la vida todos tomamos decisiones que impactan para bien o para mal en quienes nos rodean. No siempre somos conscientes de todo lo que conlleva la decisión de casarnos sin tener casa propia o los recursos necesarios para dar lo mejor a los hijos que deseamos tener. No siempre planeamos nuestras vidas con base en nuestras posibilidades y afectamos la estabilidad, el descanso o la tranquilidad de nuestros padres, sólo que desean llevar una vida más tranquila.

Una amiga de mi esposa decía: "¡Soy enemiga de las guarderías! Jamás tendré a mis hijos ahí, cuando me case mi madre se encargará de cuidarlos mientras yo trabajo. Ya hablé con ella y está de acuerdo."

Por supuesto, hay mujeres y hombres que se quedaron con ganas de seguir viviendo la paternidad y la maternidad por más tiempo. Claro que hay abuelas y abuelos que disfrutan cuidar los hijos de sus hijos y lo hacen con gusto. Me pregunto qué tanto están de acuerdo. ¿Lo consideran parte de su responsabilidad? o, ¿por qué no?, culpabilidad.

La situación económica y los bajos salarios nos orillan a buscar opciones en las que la gente que más nos ama sale al quite, dispuesta a ayudar a pesar del cambio completo de una dinámica familiar. El victimismo se hace presente y el resentimiento puede acumularse lenta y sigilosamente.

Hay víctimas eternas, quienes constantemente expresan que nadie los quiere o los comprende. La gente se aprovecha de su gran nobleza y corazón. Esas víctimas se ofrecen a ayudar a los demás cuando existen posibilidades de que otros lo hagan. Pero con ese toque de victimismo expresan:

- Yo lo hago, ya ves que nadie quiere.
- Yo me quedo a trabajar, los demás están muy cansados.
- Yo lavo los platos y limpio todo, váyanse a dormir.
- Yo... yo... yo... (cara de víctima)

Son víctimas de la desconsideración de los demás, cuando ellos o ellas mismas aceptan lo que no deben, no quieren o no pueden.

Son víctimas quienes fueron humillados por fallidos amores y desde entonces dicen: "Todos los hombres son iguales." "¡Jamás volveré a confiar en nadie y haré de la soledad mi fiel compañera!" "Sooola como un perro..." (suspiro...)

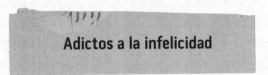

Adictos a la infelicidad

Por supuesto que la palabra "adicción" es sumamente fuerte y más cuando se une a la palabra "infelicidad".

Sabemos que hay muchas personas que caen en diversas adicciones como drogas, juego, sexo, comida y, desafortunadamente, las cifras van en aumento. En la actualidad las adicciones son fruto del estrés, el tipo de vida y las carencias afectivas que provocan un gran vacío al que se busca llenar de alguna manera.

Martha Heineman Piper, doctora en psicología de la Universidad de Chicago, y el doctor William J. Piper llevan 25 años de practicar la consulta privada con niños, jóvenes y adultos. Después de múltiples investigaciones con sus pacientes, han concluido que los grandes sufrimientos de los seres humanos derivan de que las cosas no salen como esperamos, lo cual causa insatisfacción, frustración y desánimo y, por lo tanto, lleva a un eterno sufrimiento.

Parte de esta insatisfacción pueden ocasionarla situaciones externas difíciles de predecir o controlar como enfermedades, accidentes o trato con personas difíciles, por no decir "soportar", y que de modo irremediable son parte de nuestro círculo cercano.

La búsqueda incansable de ese tesoro llamado felicidad nos hace creer que la encontraremos cuando las situaciones, circunstancias y personas estén siempre a nuestro favor, lo cual tú y yo sabemos es un mero espejismo. Problemas siempre habrá, gente desagradable siempre llegará y circunstancias fuera de nuestro control también persistirán. He llegado a las siguientes conclusiones en cuanto a este tipo de adicción recientemente etiquetada, pero que desde tiempos ancestrales padecemos:

1 Conscientemente deseamos encontrar la felicidad, pero inconscientemente fomentamos cierto grado de desasosiego para sentirnos equilibrados interiormente. Extraño, pero cierto. La mejor forma de ejemplificar lo anterior es la culpabilidad que probablemente tú y yo hemos sentido al creer que no merecemos gastar en nosotros mismos y buscar razones para guardar dinero y destinarlo a alguien más —nuestros hijos, nuestra pareja— o para un futuro incierto. En cierta etapa de mi vida sentía *culpabilidad* por tomarme un descanso —por cierto, bien merecido— y buscaba bloquear ese momento de quietud pensando en todo lo que podría hacer en lugar de descansar.

2 Fomentamos la adicción a la infelicidad cuando nos impedimos el logro de objetivos planeados. Nos hacemos preguntas venenosas sobre "por qué no" en lugar de "cómo sí" lograr lo que deseamos. Creemos que el éxito o la felicidad no es para nosotros, porque el pasado nos enseñó a aceptar que el *sufrimiento es parte de nuestra historia* y, por lo tanto, nos acompañará siempre. Elegimos la frustración o el desánimo y atraemos eso mismo a nuestras vidas.

3 Cuando elegimos una profesión o a una persona que nos frustra o hace infelices, no tomamos las riendas de nuestra vida con el fin de elegir lo bueno y lo mejor para nosotros. Preferimos rendir culto al sufrimiento y al estado de comodidad que significa no tomar decisiones ni cambiar para nuestro bien. ¿Cuántas personas conoces que se quejan amargamente de sus empleos, jefes o parejas y siguen ahí? No buscan mejorar sus condiciones o tomar decisiones drásticas por miedo al futuro o temor a lo desconocido.

4 De manera sorprendente, cuando tenemos salud, el trabajo adecuado y la persona que amamos, saboteamos nuestra felicidad, buscamos razones por las cuales no deberíamos estar tan a gusto. Es increíble el poder de nuestra mente para convencernos de que ésa no es la felicidad y, por lo tanto, nos convertimos en personas no gratas en el trabajo; obstaculizamos nuestros objetivos o criticamos a quienes no hacen las cosas como creemos que es lo correcto, en lugar de apoyarnos mutuamente. Saboteamos nuestra felicidad con la pareja, destacando los errores y no los aciertos. El reconocimiento pasa a último plano o prácticamente no existe y nos convertimos en personas difíciles o insoportables.

5 Sufrimos la pérdida de un ser muy amado por divorcio o muerte y caemos en profunda depresión, olvidando que tenemos derecho a vivir nuestro duelo y recuperarnos; aprender a vivir con esa ausencia sin caer en la tristeza permanente. La historia está llena de hombres y mujeres que sufrieron inmensamente y superaron ese sufrimiento; personas que aprendieron a amar con mayor intensidad a quienes tienen a su lado, superaron el dolor y comprendieron que la partida de seres amados es parte del aprendizaje en esta vida.

Los orígenes de esta adicción son variados. Por supuesto, se han encontrado evidencias de que la depresión puede ser hereditaria, mas no es determinante en quienes hayan tenido padres así, no están condenados a sufrir lo mismo.

Todos nacemos con capacidad para disfrutar de una vida feliz y plena, pero a la mayoría de los seres humanos le resulta muy difícil desarrollar ese potencial. Algunos investigadores aseguran que desde su nacimiento los niños tienen cierta predisposición al egoísmo, la agresividad o incapacidad para regular su apetito, hipótesis que otros han considerado errónea.

Al paso del tiempo se ha descubierto que muchos rasgos de carácter o forma de ser o responder ante lo que sucede son aprendidos en la infancia. Si los padres son amorosos, comprensivos y enseñan a sus hijos a responder positivamente a lo que les sucede, eso harán sus propios hijos. Ofrecerán un amor inteligente, compasión y bondad a los demás que los convertirá en mejores padres y a sus hijos en mejores personas.

Muchos niños heridos ahora son adultos lastimados que no recibieron ese amor compasivo. A ellos se les enseñó que ira, rencor o resentimiento eran la mejor manera de reaccionar ante lo inesperado.

Dos importantes recomendaciones para no ser víctimas eternas de la infelicidad:

1 Reencontrar y *sanar a ese niño herido* es parte de nuestro trabajo interior. En caso de ser necesario, buscar terapia para lograrlo.

2 Recordar que *la felicidad siempre es una elección*. Una decisión que debemos practicar una y otra vez. Es normal y natural caer, mas no permanecer en la tristeza profunda, que se convierte en sufrimiento y depresión. Hagamos frente a las recaídas, aceptemos que siempre hay una solución y muchas veces depende de nosotros; y cuando no es así, recordemos: *no es lo que me pasa lo que más me afecta, sino la forma en la que reacciono a lo que me pasa*. Los estados de desánimo son naturales, forman parte de nuestra vida, pero vivir con ellos de modo permanente no es normal.

Toma las riendas de tu vida, comprométete a analizar a fondo lo que depende de ti, busca opciones, recuerda que lo que no depende de ti es parte del diario vivir; *la fe, el tiempo y la actitud* que dediquemos a mejorar serán determinantes para que las cosas vayan bien o empeoren.

No seas parte de las cifras de *adictos a la infelicidad*, evita creer que la felicidad sólo depende de factores externos. No olvides adoptar hoy mismo tu mejor actitud —aunque sea actuada— y prográmate siempre para lo mejor.

Las aves de la tristeza

"¿Doctor, usted nunca anda triste ni de mal humor?", me preguntó una mujer en un centro comercial. "¡Pero por supuesto que sí! Pregúntenle a mi esposa."

Yo creo que por compartir temas relacionados con el desarrollo humano, la actitud positiva y la mejora continua, hay quienes piensan que estoy en los niveles más altos de la iluminación; suponen sin razón que no tengo momentos de tristeza, desánimo o mal humor.

No niego un cambio radical en mí después de abordar tantos temas relacionados con la autoayuda y, sobre todo, de compartir conferencias acerca del control de emociones y las actitudes positivas, teniendo muchas veces entre el público a hijos, esposa y colaboradores directos.

Debo tener congruencia entre lo que digo y lo que hago. Ése es el reto más grande de mi vida.

Un proverbio chino dice: "No puedo evitar que las aves de la tristeza vuelen sobre mi cabeza, pero sí que aniden en mi pelo."

Recuerdo, asimismo, palabras del lama Ole Nydahl, figura occidental de la filosofía budista, quien afirmó categóricamente: "El enojo es siempre una señal de debilidad." Comento esto porque muchas personas están tristes luego de periodos en que no pudieron controlar el enojo.

Hace unos días llegué a mi casa muy animado después de tres días de gira y noté que mi pequeña hija estaba muy seria, actitud que no considero normal en ella. Durante la cena casi no comió. Al preguntarle qué le pasaba, me contestó con una falsa sonrisa y un débil "nada".

En ese momento su estado de ánimo se nos contagió como un virus invisible que ataca nuestro sistema anímico. Mi esposa intentaba distraerla sin éxito, al igual que mi hijo, y yo: su desánimo se había transmitido a la familia.

Recordé que mi abuela, cuando me veía triste, inventaba cualquier actividad para ponerme a trabajar; así que, cuidando las formas, pedí a mi hijita que me acompañara a la radio a contestar llamadas. Al regresar, me platicó qué le sucedía y todo quedó ahí. Al día siguiente, todo volvió a la normalidad.

De este hecho concluyo tres aprendizajes:

1 **Existe el contagio emocional.** Está científicamente comprobado. Basta que un grupo de personas interactúe para que, en menos de una hora, la mayoría adopte el estado de ánimo de la persona más expresiva. Por lo tanto, la interrelación con los demás no es neutra, contagiamos a quienes nos rodean, en especial a los más afines o amados. Lo mismo sucede cuando llegamos a un lugar y percibimos el ambiente "muy pesado". He observado que cuando llego a casa con asuntos pendientes y actitud algo ausente, trasmito esa indiferencia en el trato a quienes viven conmigo. La actitud puede elegirse, aunque a veces "actuemos", y eso determinará lo que contagiemos. Si te propones cada día poner lo mejor de ti para dar buena cara al mal tiempo, te aseguro que los beneficios serán enormes; piensa de manera positiva y cree con firmeza que todo lo que te sucede es para tu bien, aunque al principio sea un reto difícil. Al ser positivos, aportamos grandes dosis de energía a la relación.

2 **Expresar lo que nos inquieta nos aliviará un poco la carga.** No todos tenemos la misma personalidad; quienes gustan de ser poco expresivos tienden a la depresión. Cientos de estudios lo demuestran.

Expresar lo que sentimos genera una catarsis y esto evita que aumenten los problemas. Dos cabezas piensan mejor que una y lo que para alguien es un problema insuperable, para otro puede ser un reto fácil de vencer. Además, expresar el motivo de nuestra tristeza o dolor, nos hará ver el problema desde otro ángulo y buscar automáticamente soluciones a la situación difícil.

> Es fundamental conocer perfectamente a quién compartimos nuestro dolor, ya que su discreción, capacidad de escuchar y entendimiento serán parte de nuestra terapia; si no es así, complicaran la situación. Evita el efecto "olla de presión": entre más guardes lo que te afecta, más presión hará en ti.

3   **Sin duda hacer algo por los demás siempre será la mejor terapia.**

¡Claro que la vida es movimiento! Karl Menninger dijo: "Rara vez la gente generosa es mentalmente enferma." Y mucho más raro es que la gente generosa sea negativa. Dar demuestra el nivel de vida más elevado porque mientras más damos mejor actitud tenemos ante las adversidades.

Recuerda esta frase: "Lo que marca la diferencia no es lo que tiene, sino lo que hace con lo que tiene."

Si a todo lo anterior agregáramos una dosis de sonrisas, seguro estoy de que veríamos la vida diferente. De nuevo te recuerdo "al mal tiempo buena cara", porque siempre después de la tormenta viene la calma. Por último, les comparto a todos los varones una investigación reciente publicada por el Instituto Kinsey de la Universidad de Indiana en Estados Unidos: "Los abrazos y los besos hacen a los hombres más felices de lo que se pensaba. Un estudio a más de un millar de personas entre 40 y 70 años en Brasil, Estados Unidos, Alemania, Japón y España, concluyó que quienes tienen la costumbre de abrazar y besar a sus parejas son mucho más felices que quienes no lo hacen."

Así que ya saben la tarea.

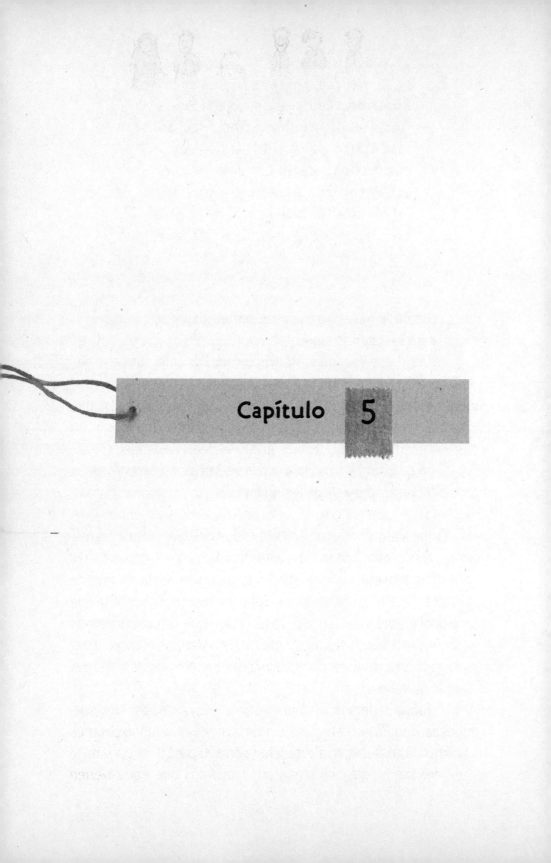

Capítulo 5

RESENTIDOS

Llamo así a quienes por personalidad, costumbre, aprendizaje o decisión coleccionan una gran cantidad de los agravios que recibieron merecida o inmerecidamente.

Las dos letras que inician la palabra me recuerdan conceptos como *re-cargado*, *re-forzado*, *re-conocido*, *re-novado* y otras más. ¿Será que la gente *re-sentida* tiene la capacidad de fortalecer una emoción tan relacionada con el sentimiento, pero en forma negativa, así como los recuerdos que nos hacen sentir mal?

No deseo restarle importancia al hecho de expresar nuestros sentimientos, pues es una de las mejores formas de controlar estrés o ansiedad. Decir lo que siento, expresar lo que me duele, puede ser la válvula de escape que sana heridas o el primer paso para estabilizar un corazón dañado y reconstruir una autoestima afectada por palabras, expresiones o acciones llenas de veneno.

Todos tenemos motivos para estar sentidos o "resentidos" por algo o con alguien; sin embargo, no todos decidimos practicar con frecuencia este *letal ejercicio* para nuestra mente que nos hace sentir muy mal por recuerdos que nada tienen que ver ya con mi presente. Tú sabes que ira, envidia y resentimiento son venenos que te tomas pero que en realidad deseas que afecten a otras personas.

Perdonar y olvidar son acciones sumamente complejas para mucha gente, pero si conociéramos a fondo los grandes beneficios de superar el rencor, te aseguro que muchos decidirían poner manos a la obra cuanto antes.

Según un trabajo publicado en la revista *Psychological Science*, olvidar o restarle importancia a los agravios puede ser de gran beneficio para la salud. El estudio indica que las personas rencorosas tienen más riesgo de sufrir enfermedades cardiovasculares que quienes no lo son.

La autora principal del estudio, Charlotte Van Oyen, del Witvliet of Hope College, en Holanda, asegura que las personas acostumbradas a rumiar sus propios errores, o de otros, sufren situaciones de angustia, ansiedad y hostilidad con más frecuencia que individuos dispuestos perdonar.

Para llegar a estas conclusiones, el equipo de científicos de Witvliet analizó a 71 varones y mujeres que describieron experiencias difíciles con amigos o familiares. Una vez recabados los datos de estos individuos sobre la capacidad para perdonar y olvidar, los investigadores midieron la presión arterial, así como el ritmo cardiaco y otros factores fisiológicos implicados en las respuestas.

De acuerdo con los datos estudiados, quienes refirieron sentimientos negativos, además de mayor preocupación, tristeza, enojo o falta de control de sus emociones, también mostraron peor nivel cardiovascular y, para colmo de males, presentaron daño en el sistema inmunológico de defensa. Por lo tanto, los daños del rencor acumulado pueden ir más allá de un simple malestar anímico. ¿No crees que vale la pena hacer algo, ya? ¿Se te hace poco esta investigación para que de una vez por todas decidas hacer algo por ti, en especial sanar heridas del pasado?

Gracias a que conozco a mucha gente resentida y a que recordé pasajes de mi propia vida, que me convirtieron en coleccionista de agravios, te presento la clasificación que diseñé respecto al tema:

Resentidos por naturaleza

Hacen propia la acción de guardar los agravios simple y sencillamente porque "así son". Es un estilo de vida que han decidido llevar. Expresan frases como:

- **No puedo olvidar lo que me hiciste...**
- **Imposible dejar de pensar en lo mal que me trataste...**

Difícil no recordar el reproche que hace muchos años le hizo mi tía Susana, en plena celebración de la Navidad, al tío Enrique, su marido:

—¿Tú crees que olvidaré las palabras y la forma en que me hiciste sentir hace 37 años, cuando frente a mi madre, que en paz descanse, y mi padre, que también en paz descanse, dudaste de mi honestidad y honorabilidad por pensar que me seguía gustando Luis Felipe, mi ex novio? Que también en paz descanse... Jamás lo olvidaré.

¡Todo mundo en paz descansa, menos sus recuerdos llenos de dolor que sólo a ella le afectan!

El resentido por naturaleza ya aceptó como estilo de vida traer del pasado todo lo que amarga el presente.

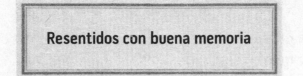

Resentidos con buena memoria

Justifican su resentimiento por su maravillosa memoria y porque, recuerdan todo lo que la gente les ha dicho o hecho.

Su frase característica es: "De todo me acuerdo...", pero dicha con un suspiro que resalta su dolor ante esos recuerdos.

¿Cómo no recuerda que también tiene la capacidad de reservarse el derecho de admisión de los pensamientos? Porque es una capacidad que todos tenemos, pero debemos *ejercerla*.

Qué bien tener buena memoria, pero muy mal aplicada. Mejor traigamos al presente todos los recuerdos que nos fortalecen y reafirman que vale la pena vivir. Recuerdos relacionados con personas que nos hicieron sentir valiosos y a quienes tocamos favorablemente con nuestros actos o palabras. Recuerdos de lugares visitados, platillos degustados, personas inolvidables, sensaciones vividas que nos recuerden que nuestra vida ha tenido sentido y no sólo sinsabores.

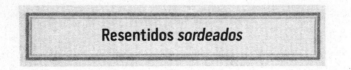

Resentidos *sordeados*

Con frecuencia afirman que no lo son y, sin embargo, lo manifiestan de manera muy sutil.

- **Para qué te digo, si ya sé que siempre me dices que no...**
- **Pensé invitar a mi mamá a cenar pero, mejor no, ya sabes por qué... no la quieres, nunca la has querido y, para vergüenzas, mejor no.**

- **Es que a ti nunca se te puede decir nada...**
- **Es que tú siempre...**

Esas dos últimas expresiones delatan mejor a los resentidos *sordeados*: "Es que tú nunca", "es que tú siempre". Por supuesto, los absolutos difícilmente se aplican, pero los resentidos tienden a traerlos a colación constantemente.

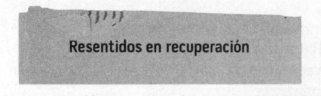

Resentidos en recuperación

Personas que afirman están dejando atrás el agravio, pero te lo recuerdan después de varios años y, por lo tanto, no lo dejan en el archivo muerto de su memoria. Estos resentidos intentan convencerse de que ya no recuerdan el daño recibido, pero a la menor provocación sacan a relucir las palabras y acciones que tanto mal les hicieron y al final del relato (por cierto, bastante largo y detallado) dicen: "Pero lo bueno es que ya casi ni lo recuerdo... porque no soy resentido ni rencoroso."

Un día realicé una entrevista a una legendaria actriz, cantante y empresaria, que por mucho tiempo se ha distinguido por su carácter fuerte. Le pregunté si es resentida o practica el perdón como estilo de vida. Con toda calma —como iluminada por Dios y la corte celestial de ángeles— me contestó que de unos años para acá está llena de Jesucristo y no guarda rencor a nadie. Que muchos la han atacado, pero no guarda ningún resentimiento ni coraje. Que ya perdonó a todos y a cada uno de ellos.

Le cuestioné si no le molestaban las críticas de un periodista que publicó una nota incómoda. Ante esta pregunta cambió la expresión de su cara y afirmó que esa persona ya está demandada en México y Estados Unidos. Que lo va hundir y pagará todo el daño que le hizo, y por más que le implore a ella para que retire esa demanda, no lo hará.

- **¡Ya basta de que sigas difamándome!**
- **¡Todo tiene un límite y yo ya llegué al mío!**

Terminé la entrevista diciendo: "Lo bueno es que no guardas resentimientos contra nadie." Ya te imaginarás la cara de la legendaria actriz... la cual estoy seguro de que no me concedará otra entrevista en mucho tiempo.

Promotores del resentimiento

¡Éstos son los más dañinos, tanto para su persona como para los demás! Además de vivir de recuerdos no gratos, desean que quienes los rodean tengan los mismos sentimientos. En su misma amargura, sugieren, imploran o casi exigen a quienes cayeron en las garras de sus "buenos consejos", no aceptar una posible reconciliación.

Le toman mucha importancia a un *lapsus brutus* de alguien que en un momento de locura hizo o dijo algo inapropiado y tal vez intrascendente. Son fáciles de detectar por sus "recomendaciones" basadas en el miedo y el dolor.

- **Por supuesto que eso es imperdonable...
¡Si te llama no le contestes!**

- **Si te busca, dile que jamás olvidarás lo que te hizo.**
- **¿Qué te hace creer que no volverá a hacerlo?**
- **Yo que tú lo pensaba muy bien, la gente así nunca cambia (o sea, también se sienten con el don de la adivinación y la iluminación para ver el futuro, el cual es desesperanzador.)**

A veces los promotores del resentimiento son los mismos padres que, con el deseo de proteger el corazón de sus hijos, les recuerdan agravios para que nunca más vuelvan a confiar o a creer en gente así, la cual —agregan— abunda. Estos consejos terminan por causar miedo o dañar su seguridad y autoestima por mucho tiempo.

El gran peso del resentimiento

1 Analiza tu afán de recordar una y otra vez la ofensa. Reconcíliate con tu pasado, busca las razones por las que ya no debes traer al presente esos lamentables acontecimientos. Repite una y otra vez que decidiste no darle más fuerza a ese recuerdo.

2 Por un momento imagina cómo te sentirías sin esos recuerdos. Imagina tu vida sin esos pensamientos. ¿Es mejor? Decide una vez más dejar en el pasado lo que no tiene nada que hacer en el presente.

3 Y de nuevo piensa en el gran beneficio de las terapias relacionadas con el perdón y el auto-perdón. De ellas, prefiero una que puedes aplicar con facilidad; elige a una sola persona a la vez para trabajar el rencor. No se trata de decidir de la noche a la mañana dejar de serlo con todos y por todo lo vivido. Una persona a la vez. Si tu rencor es contra tu padre por no haberte dado lo que tú crees merecer o no haber sido tan bondadoso como deseaste, elige trabajar ese caso en particular. En una hoja escribe todo lo que sientas. Haz una carta dirigida a él —no tienes que entregársela— donde le digas con detalle todo lo que sientes y cuánto daño consideras que te causó. Extiéndete todo lo que quieras y expresa todo lo guardado y que ya es momento de sacar. Un caso a la vez. No busques la cancelación total de una costumbre arrastrada desde hace años. En caso necesario, busca ayuda profesional.

> **La vida es mucho más que tus malos recuerdos. ¡Decide vivir, no sobrevivir!**

> **Perro que ladra... ¡sí muerde!**

Contra todo lo que creía respecto al dicho popular: "Perro que ladra no muerde", hoy quiero afirmar que sí muerde.

Perdón por la comparación que hago, pero cuando se trata de problemas de depresión entre adolescentes y jóvenes, y sus amenazas de atentar contra su vida, es fundamental tomar

cartas en el asunto, Pues muchos padres suponen que sólo es una forma de llamar la atención o una chifladura más.

Como ya sabrás, la hija de Michael Jackson intentó suicidarse. Espero que cuando leas este libro no haya cumplido su amenaza, ya que no es la primera vez que se hiere los brazos atentando contra su vida. Empleó a ello una modalidad que imagino aprendió también de su famoso y fallecido padre: ingerir más de treinta cápsulas de un poderoso analgésico, para lograr su cometido. Aún no saben si de verdad deseó quitarse la vida o llamar la atención, porque ella misma habló al servicio de emergencias para solicitar ayuda.

Como sabemos, el índice de intentos de suicido y su consumación va a la alza. Las cifras son alarmantes. Los intentos son veinte veces más frecuentes que los consumados, pero eso no le impide aceptar su realidad. Se estima que aproximadamente 5 por ciento de las personas intenta suicidarse; pero la idea de hacerlo se presenta entre 10 y 14 por ciento de la población. Esta información reciente es proporcionada por la Organización Mundial de la Salud.

En varias conferencias con jóvenes, hago una pregunta abierta y la respuesta siempre me sorprende: "¿Quién de ustedes ha expresado alguna vez que ya no quiere vivir?" Y la respuesta casi siempre es la misma: más de 50 por ciento levanta su brazo. Eso me impacta, y más el hecho de que una figura pública, hija de un gran ídolo de millones de personas en el mundo, exprese que, por extrañar tanto a su padre, no desea seguir viviendo: "Yo era su niña consentida, y ya no lo soy para nadie", mencionó. ¿Cuántas y cuántos adolescentes se identificarán con ella? O peor, ¿para cuántos será un modelo a seguir?

Difícilmente olvidaré una entrevista a Nuri, presidenta de una asociación contra el suicidio en Nogales, Sonora. Ella la fundó después de sufrir el tremendo dolor de perder a su hija Daniela, decisión basada en una tristeza que se convirtió en depresión profunda y su familia no detectó a tiempo. Cuando le pregunté a Nuri sobre la veracidad de la frase "perro que ladra no muerde", ella sin titubear me dijo: "¡Claro que muerde!"

Y se dirigió al público con un mensaje contundente: "Por favor, analicen lo signos de alarma que pasan inadvertidos, como me sucedió a mí. Esto puede ser la diferencia entre la vida o la muerte de un ser querido."

Algunos signos son:

1 Analiza cambios drásticos en su conducta. Si siempre ha sido alegre, sociable y últimamente lo ves retraído, triste, demasiado irritable o solitario, es momento de poner atención y buscar las razones, eso sí, sin convertirnos en investigadores necios.

2 Es responsabilidad de los padres identificar qué hacen nuestros hijos cuando pasan horas encerrados en su cuarto, sobre todo conectados a internet. Labor difícil, pero no imposible.

3 El tipo de amigos puede dar información valiosa sobre gustos o aficiones. También identifica sus modelos a seguir.

4 La ruptura amorosa puede ser un duelo tremendo que debe ser atendido con oportunidad. Así puedes ganarte su confianza:

Promueve que exprese sus emociones sin necesidad de juzgar sus actos. Duele mucho a un adolescente o a un joven abrir su corazón, tener la suficiente confianza para expresar lo bueno o lo malo que hizo y encontrarse con reproches, recriminaciones y juicios que no vienen al caso en ese momento. Luego habrá oportunidad de analizar las razones y llegar a concusiones, pero no en la etapa crítica cuando más necesita comprensión y cariño.

5 Identifica los "castigos" que aplicas, fruto de acciones que consideras incorrectas. Castigar a cada momento, olvidando que la reprimenda es una consecuencia de sus actos, es un lamentable error de todos los padres. Cuando les informamos con anticipación cuáles son las consecuencias de sus acciones o de no cumplir con reglas o límites establecidos como padres, ellos analizan con más certeza cada paso o decisión.

6 Analiza sus expresiones. Las palabras que utiliza y el resentimiento o coraje que puede manifestar en contra de sí mismo o de los demás. Una actitud de víctima constante de las circunstancias es un foco rojo.

7 El diálogo constante es importante. Decirles cuán orgullosos estamos de ellos y recordarnos una y otra vez que el tiempo que les dediquemos será siempre la mejor inversión.

En alguna fase de nuestra vida todos tenemos momentos de locura; y la adolescencia es una época propicia para decisiones basadas en el miedo, la tristeza o la incertidumbre. Un periodo de transición en el cual, como su nombre lo dice, "adolece" de conocimientos o experiencia para sobrellevar los cambios emocionales cotidianos.

Que la paciencia, la prudencia y el entendimiento se hagan presentes cuando se trata de nuestros hijos.

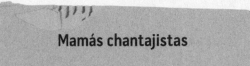

Mamás chantajistas

Nunca dudaré del gran amor desmedido de la mayoría de las madres por sus hijos. Dije la mayoría, porque no todas lo hacen. Hay mujeres que demuestran lo contrario; historias que parecen sacadas de una novela de terror, donde la madre arruina la vida de sus hijos, directa o indirectamente, al oponerse a las decisiones de ellos porque supuestamente buscan su felicidad.

Entiendo que no siempre nuestros hijos deciden lo correcto, pero hay momentos en los cuales nuestra capacidad de influir termina y es cuando ellos deben aprender de sus propias lecciones y enfrentar sus decisiones.

No es mi afán juzgar las técnicas o los procedimientos que algunas madres tienen para obtener la atención de sus hijos. Por supuesto, cada madre es diferente y lo que le funciona a una, probablemente a otra no.

Uno de los recursos más utilizados es el chantaje emocional, ya que la madre sabe qué puede doler y lo que valoras; conoce tus puntos débiles y utiliza esa información para lograr lo que ella cree más conveniente para ti.

No dudo de que una madre basada en el chantaje de las emociones está convencida de que lo hace por el bien de su hijo, pero la estrategia puede ser tan utilizada que los mismos hijos la conocen de sobra: "Ya va a empezar mamá a chantajearme."

Hay tres tipos de chantajistas que afectan a millones en el mundo. Estoy seguro de que esta clasificación puede aplicarse perfectamente en todo tipo de relaciones: madre-hijo, de pareja, amistad, trabajo, etcétera.

Lo ideal sería que al leer esta clasificación fueras honesto y lo aceptaras si lo practicas directa o indirectamente. En esta ocasión la compartiré en femenino por el título de esta parte y no porque los hombres no lo practiquen.

❶ Castigadoras

Buscan a toda costa que se haga lo que desean y recurren al castigo como estrategia. Desafortunadamente, es una técnica infalible pero se basa en amenazas, que muchas veces no cumplen por el amor desmedido de una madre hacia sus hijos. La peor consecuencia es que los hijos "le tienen tomada la medida" a su madre y saben que esas amenazas muchas veces no serán cumplidas:

"Si sigues con esa muchachita, atente a las consecuencias."

"Síguele, síguele y verás que no te vuelvo a dar un solo peso y a ver cómo le haces."

"Si no haces esto, te voy a quitar ese celular un mes completo y no me importa que me ruegues."

O la frase que decía mi madre cada vez que yo pedía una mascota: "si entra un perro más a esta casa por esa puerta, yo salgo por la otra." La verdad es que entraron cinco perros más porque mi madre era la primera que se encariñaba con la carita del cachorrito, que después se convertiría en un perrote que destruía sus rosales y geranios.

❷ Autocastigadoras o víctimas

Dirigen sus amenazas al temor de que si no hacemos lo que desean, las dañadas serán precisamente ellas.

"Me van a mandar al panteón."

"Sigan peleándose y ya verán el remordimiento que tendrán al verme infartada."

"Si sales por esa puerta y algo me pasa, será por tu culpa."

"¡Por lo visto en esta casa sólo soy la sirvienta!"

Me río y al mismo tiempo me duele recodar las veces

que mi madre dijo esas frases, pero lo hacía porque ¡no tenía otro recurso! ¡A veces éramos tremendos! ¿¡Cómo le hizo para aguantar a siete hijos!? Si yo con dos, a veces me desespero, ahora imagínate con siete.

③ Chantaje con base en premios
Ésta es una estrategia común, pero muy costosa.

"Si sacas buenas calificaciones, te compro un
videojuego nuevo."

"Si arreglas tu cuarto, te llevo al partido de futbol."

"Si me acompañas a ver a tu abuelita, saliendo vamos a comprarte algo."

Una madre recurre a este tipo de chantajes porque fracasó el diálogo y no impuso las reglas puntualmente.

En esta vida todos tenemos obligaciones, incluso nuestros hijos. Por eso considero fundamental decirles con claridad qué se espera de ellos. Si no cumplen, se explican las consecuencias sin necesidad de amenazas y chantajes.

Se explica qué se espera y las consecuencias de no cumplir. Esto es muy diferente al chantaje repentino y espontáneo, que muchas madres utilizan para que se hagan las cosas.

Cuando una madre recurre a alguna de las tres técnicas de chantaje emocional, es conveniente preguntar por qué lo hace, antes de hacer un juicio precipitado. La desesperación por no sentirse escuchada, amada, valorada, la lleva a buscar opciones. En ocasiones, elige estas soluciones rápidas, pero desgastantes.

Mi pregunta final es: *¿será chantaje o desesperación por no sentirse escuchada y valorada?*

A veces es difícil reconocer que detrás de una persona difícil siempre hay una historia difícil. Aceptar que a una madre más que entenderla hay que aceptarla es más arduo. Gran verdad guardan las palabras de Isabel Allende: "Gracias a Dios madre sólo hay una, porque nadie aguantaría el dolor de perderla dos veces."

Ladrones de felicidad

Llevamos un estilo de vida estresante. Por lo visto, cada día causa más estragos este acelere en muchos de nosotros. Deseamos que el día tenga más de 24 horas para cumplir todas las tareas que nos echamos a cuestas. No hemos aprendido a decir "no" y hacemos compromisos que, de antemano, sabemos que no podremos cumplir.

Aunado a esto, hay ciertos ladrones de felicidad que nos dañarán de manera continua e irremediable hasta provocar nuestra autodestrucción, si los dejamos avanzar. Cuando nos estancamos en viejos patrones de comportamiento y nos hacemos víctimas eternas, atraemos una y otra vez a esos ladrones. Es increíble, pero entre más pensamos o expresamos nuestro malestar por lo que nos sucede, la vida nos seguirá endilgando múltiples ocasiones para lamentarnos. Así funciona la ley de la atracción. Y en el mismo patrón sentimental se encharcan muchísimas mujeres cuando atraen a hombres problemáticos a sus vidas.

Recuerda, es sumamente importante tener conciencia de nuestro presente.

¿Qué tipo de pensamientos evocas con frecuencia?

¿Cuántas quejas expresas durante el día?

¿Cómo es tu diálogo interior, positivo o negativo?

¿Te sientes la eterna víctima, a quien nadie valora y de la que todo mundo se aprovecha?

Me atrevo a afirmar que la mayoría de las personas cree que la felicidad es un factor externo, que viene de fuera hacia dentro y que sólo las circunstancias o las personas que nos rodean pueden dárnosla. Y mientras no cambiemos esa creencia, no seremos felices.

El hábito de creernos siempre víctimas nos roba momentos de felicidad. Sacar a relucir siempre las heridas del pasado y recordar en todo momento a los villanos que nos hirieron, hace que la felicidad se esfume.

Comparto contigo algunos de esos hábitos que nos roban la felicidad:

1 **Quejarse.** Compadecerse de nosotros mismos. Tratar de causar lástima. Hacerse el o la mártir, quejarnos de lo mal que nos trata la vida, o creerse la persona que sirve a todos a costa de su infelicidad, para terminar el día sintiéndose vacía, exhausta y promoviendo entre la gente a la que quiere dependencia y falta de madurez.

Este patrón de comportamiento se convierte en hábito, estilo de vida. Hace que nos enfoquemos en lo que no poseemos en lugar de apreciar lo que tenemos. En esta dinámica procuramos relacionarnos con gente igual de negativa para quejarnos de todo y por todo.

2 **Echar la culpa a algo o alguien.** Nos sobran excusas y culpamos a otros de nuestras penas para justificar la falta de alegría y estabilidad que sentimos. Con esto nos debilitamos más y no podemos lidiar con la situación actual o el conflicto que tenemos. No asumimos nuestra responsabilidad y, por lo tanto, siempre nos sentiremos víctimas de las situaciones, provocando que la felicidad se vaya de nuestro lado. Gran verdad escribió Carol Kline: "Del 80 por ciento de lo que nos sucede en algo tuvimos que haber participado, sólo 20 por ciento son circunstancias ajenas a nosotros y que no podemos evitar."

Recuerda, si culpamos a los demás por lo que nos pasa, anulamos la posibilidad de solucionar esa situación.

3 **Avergonzarse.** Cuando nos culpamos y nos avergonzamos de las cosas que nos ocurren, a menudo intentamos suprimir el dolor o enterrar esos sentimientos incómodos en lo más profundo de nuestro interior. Al hacerlo, gastamos mucha energía y bloqueamos la felicidad. Por supuesto, es muy saludable enmendar errores, pero lo es más evitar el nefasto hábito de avergonzarnos por un error cometido. Pide perdón a quien sea necesario. Perdónate a ti mismo, con la decisión de aprender de la situación y tener, asimismo, la determinación de no tropezar con la misma piedra.

4 **Exceso de estrés.** Vivir en constante acelere, querer cumplir con todos y acabarnos el mundo de un bocado, tarde o temprano lo resentirá el cuerpo y las consecuencias pueden ser lamentables. Date tiempo para disfrutar tu camino, porque al paso de los años los pequeños detalles de la vida serán a los que de verdad considerarás momentos de felicidad. Nos enfocamos en tener y se nos olvida disfrutar de ser. Las últimas cifras relacionadas con la felicidad son impactantes: "La gente feliz es 35 por ciento menos propensa a enfermarse y produce 50 por ciento más anticuerpos en respuesta al ataque de virus y bacterias. Además, los individuos con mayores puntuaciones en encuestas y pruebas relacionadas con la felicidad, presentan menor riesgo de sufrir enfermedades cardiovasculares e hipertensión."

¡Por supuesto, éste es un maravilloso descubrimiento! ¿No crees que algo debemos hacer para incrementar nuestro nivel de felicidad?

5   **Pensamientos negativos.** Basura mental que desmotiva y desalienta. ¿No crees que es pérdida de tiempo y energía pensar en algo que no ha ocurrido y atormentarnos por adelantado? Practica hasta el cansancio modificar tu forma de pensar nutriendo tu mente con pensamientos positivos y será más fácil encontrar la felicidad. Una vez más te pido recordar que un pensamiento ocasiona un sentimiento y un sentimiento motiva una acción. Analiza las veces que tus pensamientos negativos te llevan a quejarte de todo y por todo. ¿Qué lograste? Nada. Intenta aprender de lo malo que te sucedió y sigue tu camino, te aseguro que lo encontrarás más fácil.

> Epicteto, filósofo griego, escribió: "Lo que en verdad nos espanta y desalienta no son los acontecimientos exteriores, sino lo que pensamos acerca de ellos."

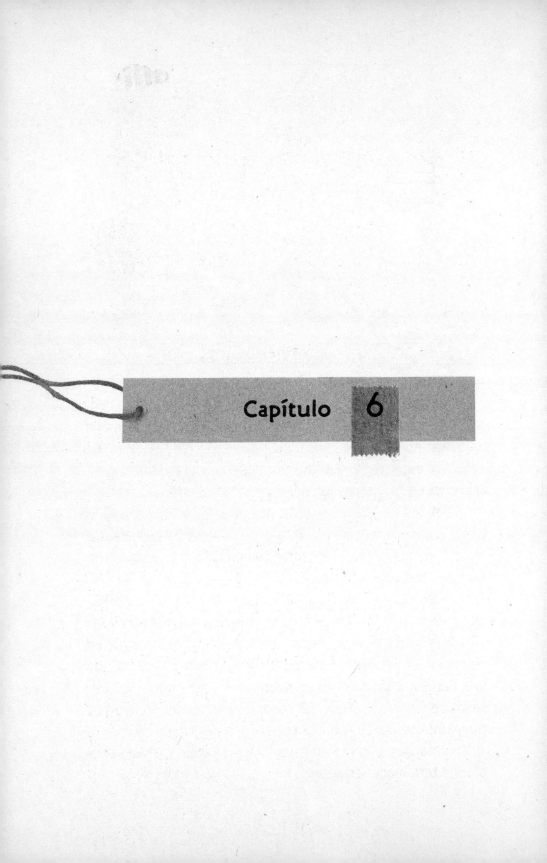

Capítulo **6**

LOS INDIFERENTES

"¡No me castigues con el látigo de tu indiferencia!": frase que fortalece aún más la creencia de que muchas veces duele más ignorar a alguien que herirlo con palabras. Una prudencia excesiva puede interpretarse como falta de interés.

"Mi amor, ¿qué vestido me pongo, el negro o el azul?" "El que quieras." "¿Prefieres ir al cine o a cenar?" "A donde quieras."

"¿Vamos primero al centro comercial o a la casa de mi mamá?" "A donde quieras..."

Expresiones que llevan una carga de indiferencia explícita o implícita, directa o indirecta, consciente o inconsciente.

Recuerdo cuando recién casado tomé la misma actitud (la cual no volví a tener después de lo que voy a contar). Cada que llegaba a casa, mi esposa Alma me preguntaba qué deseaba cenar y mis respuestas traían una dosis de indiferencia (involuntaria, por cierto). "Lo que sea", contestaba.

Entonces, ella me preparaba lo que fuera. Y yo, al ver el platillo terminado, expresaba:

"¿Huevo? ¿Otra vez huevo?"

"¡¿Pues no dijiste lo que sea?!", exclamaba molesta Alma.

Al día siguiente lo mismo.

"¿Qué te hago de cenar?"

"Lo que sea..."

"¡¿Carne!? ¿En la noche? Es muy pesado. No me gusta comer carne en la noche."

Y así sucesivamente.

El diálogo se repetía noche tras noche.

Y ella siempre me decía que mejor le dijera qué deseaba, pero por *no molestar ni incomodar* siempre decía "lo que sea". Y lo que preparaba recibía diario la expresión de molestia al ver que no era lo que yo quería.

Hasta que un día, que no quisiera recordar más, Alma utilizó una técnica infalible para evitar la respuesta indolente. Después de un día lleno de actividades, con su sonrisa en el rostro me preguntó qué deseaba cenar y obtuvo la respuesta de siempre, "lo que sea". Rauda y veloz, salió al patio de la casa durante unos minutos. ¿Y yo?, intrigado...

Regresó con un plato lleno de césped o zacate, que colocó amorosa frente a mí sobre el mantel de la mesa. Mientras, para ella cocinó huevo con delicioso chorizo de pavo. Yo, impávido, sin articular palabra, veía fijamente el contenido de mi plato intentando comprender si era lo que parecía. Ella, *seria... seria...* disfrutaba su huevo con chorizo.

Entonces, al percibir mi silencio incómodo, de inmediato abrió la alacena y puso dos aderezos a un lado del plato con zacate. Y yo le pregunté seriamente:

"¿Y esto?"

"¿Qué?", contestó.

"¿Qué es esto?"

"Zacate", volvió a contestar.

"¿Zacate?"

"Sí, zacate. Tú me dijiste lo que sea y eso fue lo que se me ocurrió. Iba a poner de crotones el excremento del perro, pero me dio asco. Siempre que me vuelvas a contestar lo que sea, te aseguro que mi creatividad será muy amplia y voy a darte lo que sea, al cabo, por todo lo que te sirvo, siempre me dices que por qué se me ocurrió eso."

¡Santo remedio! Nunca más volví a contestar "lo que sea".

Cuando le comenté a mi amigo Luis Mario sobre la indiferencia con que muchos hombres o mujeres contestamos cuando nos preguntan qué deseamos comer o cenar, él dudó de la razón de esa pregunta tan abierta. Me contó que un día su esposa le preguntó qué quería desayunar. Y él contestó en broma que deseaba un pozole oaxaqueño, tamales hechos en hoja de plátano, pastel de elote, ¡ah!, café de olla y de pasadita los dulces tradicionales de Nuevo León, *las glorias*. Ante ello su esposa quedo atónita y le preguntó: "¿De dónde quieres que saque ese desayuno tan extravagante?" "Entonces, para qué me preguntas qué quiero desayunar. Mejor dime las opciones: huevos, cereal o fruta. Y ya. Así decido sin *indiferencia*."

Le dije a mi amigo que si seguía haciendo esas bromas o aclaraciones él tendría que hacer el desayuno.

También salir encuerada o en calzones cuando tu marido te conteste indolente que te pongas lo que sea, sería también una buena lección, ¿no?

Contestamos con indiferencia confiando en la decisión del otro, evitando ponerlo en apuros, deseando no incomodar o, ¿por qué no?, quitarnos una responsabilidad, pero la interpretación de tal comportamiento puede ser tu amarga indiferencia.

Es el veneno sutil e imperceptible que daña poco a poco una relación, al hacer que quien lo sufre sienta que no te interesa opinar o te da igual lo que hagas, digas o pienses.

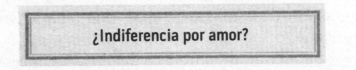

¿Indiferencia por amor?

La indiferencia también puede ser una estrategia para llamar la atención. Y no hay nada que intrigue más que ignorar todo de quien deseo saber más.

Mujeres y hombres la utilizan cuando quieren conquistar a alguien que vale la pena, sobre todo quienes están acostumbrados a obtener con facilidad lo que desean.

Cuando la atracción es mutua, contestas una llamada de quien te interesa y no te atreves a declinar una invitación. Sin embargo, tú y yo sabemos que la indiferencia funciona, porque unida a la expectación, forma un elíxir ideal que incrementa el amor; pero en dosis mayores puede alejarlo por completo al interpretarse como desinterés total.

"Ni tanto que queme al santo, ni tanto que no lo alumbre", dicho popular que puede iluminarte sobre la dosis a aplicar.

"Un toque de misterio que avive nuestro amor" es la estrofa de una canción que también puede servirte de guía. Pero es sólo un toque, ¡no seas totalmente misteriosa e impredecible!

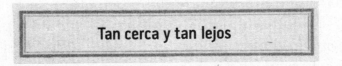

Tan cerca y tan lejos

"No hay dolor más grande que tenerte tan cerca y sentirte tan lejos", frase matona y real, que complementa la idea que comparto contigo, principalmente respecto a las diferencias en pareja que convierten a las personas que amamos en insoportables.

Hace unos días quise poner en práctica una actividad que me recomendaron para unirme más a la gente que amo. No es mi costumbre caminar y platicar. Generalmente lo hago cuando me ejercito, acompañado por música o audiolibros.

Quise variar e invité a mi hijita a caminar para platicar de temas de "suma importancia". Ella está enamorada y ya sabrás que los celos de padre en ocasiones nos hacen actuar de manera poco prudente o inesperada por creer ilusamente que todavía es una niña. No me imaginé que cuarenta minutos caminando en un parque tranquilo frente a mi casa nos beneficiaría y uniría tanto. Quizá fue porque no nos veíamos a los ojos, pero la conversación fluyó más fácil y me ayudó a decir todo lo que sentía. Probablemente fue la temperatura tan agradable que se percibía o sólo la disposición que manifestamos.

Al caminar en el parque, observé cómo dos personas se la pasaron todo ese tiempo sentados en una banca con sus teléfonos celulares. Durante las casi siete vueltas que dimos, mientras pasábamos a su lado, en ningún momento escuché o vi que platicaran: "Tan cerca y tan lejos."

La segunda razón que tengo para compartir la experiencia contigo se debe a la sensación que de repente percibimos en personas que difícilmente expresan lo que sienten. Por motivos diversos, temperamento, pasado o simplemente convicción, no comparten oportunamente su malestar o diferencias y dejan que el tiempo y los silencios prolongados aniquilen los sentimientos de aprecio o amor. La cercanía corporal es tangible, pero la lejanía se percibe.

Es difícil entender los motivos que nos llevan a manifestar más orgullo que amor pero los corazones se alejan con facilidad cuando falta la comunicación.

En algunas conferencias practico lo siguiente: Presento al público una hoja de papel. Pregunto si pueden describirla. Entonces las respuestas surgen espontáneas: "blanca", "frágil", "lisa", "limpia". Y añado: "Así es el amor." Pero cuando dejamos que los silencios perduren o los agravios y las ofensas se presentan y no solucionamos a tiempo las diferencias, la hoja se arruga. Si añadimos más arranques de agresividad, la hoja se arruga más. Y si la rutina y la indiferencia persisten, llega un momento en que las arrugas de esa hoja son tantas y tan marcadas que por más que deseemos quitarlas y buscar que la hoja sea como antes, resulta imposible."

Tan cerca y tan lejos podemos hacer sentir a nuestros hijos al no involucrarnos en su mundo, consolándonos o justificándonos al decir que están en la "etapa difícil". Sermoneando en lugar de dialogar, gritando en lugar de hablar, imponiendo sin escuchar.

Dificultamos aún más nuestras relaciones al sustituir el tiempo por cosas para así evitar la culpabilidad. Confucio dijo: "La mejor estrategia para educar a los hijos es con un poco de hambre y un poco de frío." Con ello se refería a los límites que debemos tener con nuestros hijos para evitar darles todo sin ningún esfuerzo. Por la costumbre de tener todo, no valoran nada.

"Tan cerca y tan lejos" incluye nuestra relación con Dios, porque lo buscamos sólo en la adversidad y no en la bonanza. Nos acordamos de pedir, pero no de agradecer y olvidamos participarle cada momento que vivimos y lo alejamos, cuando jamás nos abandona.

"Tan cerca y tan lejos" de nosotros mismos, al llenarnos de actividades y trabajo que nunca acaba: ruido, preocupaciones y demás cosas que nos impiden un momento de introspección o soledad y momento siempre agradecido por nuestro cuerpo y nuestra mente.

Un día, un maestro preguntó a sus discípulos:

"¿Por qué la gente se grita cuando está enojada?"

Los discípulos pensaron unos momentos.

"Porque perdemos la calma", dijeron.

"Pero, ¿por qué gritar cuando la otra persona está a tu lado?", preguntó el maestro. "¿No es posible hablarle en voz baja? ¿Por qué gritas a una persona cuando estás enojado?"

Los discípulos dieron otras respuestas, pero ninguna de ellas satisfacía al maestro. Finalmente, explicó:

"Cuando dos personas están enojadas, sus corazones se alejan mucho. Para cubrir esa distancia deben gritar, para escucharse. Mientras más enojados estén, más fuerte gritarán para escucharse uno a otro, a través de esa gran distancia."

Luego el maestro preguntó:

"¿Qué sucede cuando dos personas se enamoran? Ellos no gritan se hablan suavemente, ¿por qué? Porque sus corazones están muy cerca. La distancia entre ellos es muy pequeña." El maestro continuó: "Cuando se enamoran aún más, ¿qué sucede? No hablan, sólo susurran y están más cerca en su amor. Finalmente, no necesitan siquiera susurrar, sólo se miran y eso es todo. Así ocurre cuando dos personas se aman."

Luego el maestro dijo:

"Cuando discutan, no dejen que sus corazones se alejen, no digan palabras que los distancien más, porque un día la distancia será tan grande que no encontrarán el camino de regreso."
"Tan cerca y tan lejos."

Tu dolor no me duele, tu alegría no me alegra

Muchas personas son recordadas mucho tiempo después de muertas, por sus obras, buenas o malas, sus afectos, logros, entusiasmo, por el amor desmedido que le tuvieron a la vida; o simple y sencillamente porque en su paso por este planeta lograron tanta fama y dinero que sus familiares siguen viviendo a costa de eso y reditúan intereses luego de morir.

Elizabeth Taylor es la difunta que más dinero gana, 210 millones de dólares; seguida en la lista por Michael Jackson con 145; Elvis Presley con 55; Charles Schultz, quien creó la tira cómica *Snoopy*, con 37; Bob Marley con 17; el inolvidable John Lennon con 12, Marilyn Monroe con 10, y de modo impresionante, Albert Einstein sigue generando dinero, con 10 millones de dólares. Lo anterior fue revelado por la revista *Forbes*.

No todo es dinero, aunque no estorba y remedia muchos males, por mucho tiempo se recuerda a quienes, por sus obras, dejaron como legado un ejemplo de buen vivir y amor a los suyos, lo que cualquier mortal como tú o yo podremos lograr siempre y cuando lo decidamos.

También pasarán a la posteridad quienes cometieron actos aberrantes, como Hitler y Osama Bin Laden; además de cientos de políticos que desaprovecharon la gran oportunidad de servir y algunos otros individuos más que quisiéramos borrar por siempre de nuestras mentes, pero que seguirán ahí por el daño que hicieron.

Una frase mía publicada en las redes sociales dice así: "Una relación en peligro de extinción: tu dolor no me duele y tu alegría no me alegra", escrita especialmente para quienes olvi-

damos que el amor puede extinguirse si no se alimenta adecua-
damente y los primeros signos de alarma son la indiferencia
ante tu dolor y la apatía ante tu alegría, consecuencia de la
falta de cuidados en el amor.

Dos senadoras de mi país, en plena sesión solemne, de-
mostraron que el dolor, la incertidumbre, la gran cantidad de
necesidades que padecen millones de mexicanos, las tiene sin
cuidado. Una jugaba con su dispositivo electrónico y la otra se
besaba con su novio muy a gusto en la galería de la cámara de
senadores, lugar solemne donde se toman decisiones importantes para nuestro país.

No sé a ti, pero a mí me hierve la sangre recordar a tantas
personas que aspiran a puestos de elección popular y en campaña
prometen poner todo su esfuerzo y el alma entera para hacer de
nuestro México un lugar mejor y luego actúan como esas senadoras. Sus campañas fueron promovidas mediante carteles por
doquier con su mejor cara y sonrisas de oreja a oreja. Prometían
infinidad de beneficios que olvidaron al llegar al anhelado puesto.

¿Crees que a esos políticos el sufrimiento de los mexicanos les duele? ¿Les importa? ¿Les interesa? Yo creo que no.

Mi madre solía usar esta frase: "¡No hagas cosas buenas
que parezcan malas!" Y por más que trato de aplicar la frase a
ese acto de desfachatez, no encuentro la forma, ya que estar
jugando o demostrando afanosamente el gran amor a su pareja, en horario de sesión pagada con los impuestos de todos los
mexicanos, se me hace en verdad una desvergüenza.

¿Qué hubiera sucedido en un país desarrollado, donde la
corrupción es juzgada severamente por todos sus habitantes?
Obvio, habría un escándalo de tal magnitud que, te aseguro,
serían destituidos inmediatamente de sus puestos. O, ¿por qué
no?, tendrían el valor y la honestidad suficiente para renunciar.

Pero no, estamos en un país donde todo se olvida y mucha gente solapa esas actitudes, empezando por sus propios partidos políticos, ¡qué pena!

Gran oportunidad tienen nuestros gobernantes para ser recordados y estas acciones provocan que no los olvidemos, ¡pero por lo malo que hacen!

Tu dolor no me duele cuando hay incongruencia entre lo que digo y lo que hago.

Tu dolor no me duele, cuando en momentos de crisis como los que desde hace años agobian a nuestro país, no aprovecho el tiempo y el puesto que me han confiando para hacer mi mejor esfuerzo y demostrar que merezco hasta el último centavo que me pagan.

Parece que en el momento de escribir esta parte de libro "comí gallo"; pero recordé cómo hace unos meses mi ciudad estaba tapizada de anuncios publicitarios de personas con rostros sonrientes, muchos de ellos desconocidos, solicitando nuestra confianza para llegar a puestos de elección popular, con frases como "¡honestidad comprobada!", "por un México mejor, seré tu voz en el senado...", y otras más. Lo que me molesta es ver imágenes sin congruencia entre lo que dicen y lo que hacen.

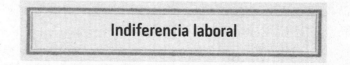

Indiferencia laboral

La indiferencia puede ser interpretada como hastío. ¿Te has encontrado con prestadores de servicios a los que literalmente les vale si estás conforme? Es lamentable ver la gran cantidad de empresas que desean clientes pero terminan cerrando por culpa de quienes atienden sus negocios y por el pésimo tino para la contratación y capacitación de su personal.

A esta gente yo la llamo *insípida*, la que por error fue contratada para formar parte de empresas pequeñas o grandes dedicadas a atender a clientes, algunos muy comunicativos como yo en cuestiones relacionadas con el pésimo servicio: "Un cliente satisfecho le cuenta su experiencia a seis personas. Un cliente insatisfecho se la cuenta a quince."

Aceptémoslo de una vez: pocos nacen con espíritu de servicio y no a todos les importa tratar bien a la gente. Por personalidad, temperamento o porque no les da la gana, no saben, no quieren o no les interesa hacer sentir bien a los clientes.

La recomendación es clara: elige a personas con espíritu de servicio, o que se les note interés por tratar a la gente. No dañes con gente nociva la empresa que tanto trabajo te ha costado sostener.

No permitas que la calidad del servicio sea afectada por quienes no tienen intención de superar la indiferencia.

Al escribir esta parte del libro viajo en avión, escucho las indicaciones en este caso monótonas, aburridas e indiferentes de una azafata que desde que entré al avión se nota que está harta de su trabajo y lo sobrelleva. Sabrá Dios cuántos años más lo hará. Estoy seguro que al principio le apasionaba pero ahora la enfada. O tal vez la rutina y el hastío cambiaron su actitud de servicio que debería expresar, por eso nos da indicaciones tan importantes en forma tan desganada.

La *gente insípida* sirve en una profesión relacionada con la salud y el bienestar de nuestros semejantes y termina por hartarse; justifica su mala actitud por el pésimo salario que le pagan y lo pesado de sus jornadas laborales. Como si no lo supiera desde antes de iniciar estudios o aceptar un trabajo en determinada institución.

Son personas amargadas, enojadas con el mundo entero por la desventura de tener que atender a "gente necia". Es terrible olvidar que todo lo vivido en el presente es consecuencia de algo que elegimos o dejamos de hacer en el pasado. Y todo lo que hagamos en el presente repercutirá en el futuro. Es la ley de la vida, tarde o temprano todo se nos regresa multiplicado. Bendiciones y malas acciones. ¿No crees que ya es tiempo de sembrar lo que deseas cosechar?

Indiferencia como reacción en el enojo

¿Qué hace la mayoría de las parejas cuando se enoja? ¡No hablan! Callan y se castigan con el látigo del orgullo o la indiferencia, en lugar de hablar y llegar a acuerdos.

Cuando se repiten estas acciones, ocasionan daños irreversibles en la relación. El cúmulo de resentimientos eleva la presión del des-amor y explota mediante la agresividad o el desencanto.

No contestar o no expresar tus sentimientos o, peor aún, hacer sentir que te da igual lo que la otra persona piense u opine en determinada situación o circunstancia, puede ser interpretado como una desconsideración y causar dolor.

Una "esposa desesperada" me contaba que nada le molestaba más de su marido que su actitud indiferente cuando había un conflicto o diferencia de opinión: "¡Imita a su padre cuando se enojaba con su mamá! Me aplica la ley del hielo y me deja de hablar varios días. Su silencio ha perdurado en algunas ocasiones hasta tres meses y mis hijos son testigos de esto. Ellos se convierten en emisarios temerosos o víctimas involuntarias que no saben cómo actuar. Cuando le pido que hablemos, su respuesta es la misma: *Te hablaré cuando yo diga o lo crea conveniente.* Y así se la pasa, hasta que me hago copartícipe de su juego indiferente que me tiene harta."

Palabras más, palabras menos, generalmente palabras menos. Para colmo, sus hijos imitan la costumbre de su padre. Se pelean y dejan de hablarse, actitud que también utilizan con su madre.

Estos son ejemplos nada dignos de imitarse y sí de analizarse. Actitudes aprendidas que dañan las relaciones por no hablar o expresar a tiempo lo que se siente. Un látigo que desgarra no la piel sino el amor, causando heridas profundas, difíciles de cicatrizar.

No es saludable ni recomendable esta estrategia en una relación consolidada. Pierde el diálogo y gana la ira. Pierde la cordura y gana la inmadurez.

Mi recomendación es: en plena crisis no habrá palabra que haga entender a quien por costumbre es así. Pasada la crisis, busca el momento adecuado y las palabras indicadas, y exprésale cuánto te duele esa actitud, dile que no estás dispuesto o dispuesta a soportarlo. Dile cuán importante es aclarar las cosas, porque para ti la almohada y su silencio son los peores consejeros.

> Si es posible, compártele con amor, palabras pausadas y sin afán de amenazar, una de mis frases matonas que dice: "Cuidado con los silencios prolongados, porque pueden silenciar de modo permanente el amor de quien bien te ama."

Indiferencia por aburrimiento

Cuando la monotonía causa estragos en una relación, se pierde el encanto, se acaba la chispa y dejamos que la alegría se transforme en hastío. Estoy convencido de que depende de cada uno aprovechar el tiempo y utilizar nuestra astucia e inteligencia para convertir un momento simple en algo memorable. Un chiste súper bueno, una anécdota divertida, compartir tus vivencias del día, un juego conocido o inventado puede cambiar ese instante. El amor se fortalece con creatividad y decisión.

—¡Mamá estoy aburrido!

—¡Te aburres porque quieres! Anda, ve a leer algo o limpia tu cuarto.

—¡No! Eso es muy aburrido.

—Bueno, te me largas a aburrir a otro lado porque nada más de verte me da sueño.

¡Es cierto, se aburre el que quiere! y mientras existan libros no hay excusa para esa lamentación.

Se aburre sólo quien carece de creatividad y entusiasmo. Se aburre —y mucho— quien cree que la alegría es diversión o entretenimiento y olvida que la soledad también es excelente opción.

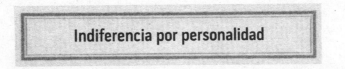

Indiferencia por personalidad

Desde su infancia ha sido así, lo conociste y así te enamoraste y lo aceptaste. No da importancia a las fechas memorables para ti. No se graba aniversarios o no expresa su cariño como muchas otras personas. Difícilmente expresa lo que siente o desea. Pero así lo aceptaste en tu vida, expresabas que te gustaba o creías ingenuamente que lo cambiarías.

¿Por qué tantos hombres o mujeres se quejan de quien siempre ha sido indiferente? Porque las necesidades y los estados de ánimo cambian, pero llega el momento en que la voz, los gestos y los detalles se hacen necesarios. Es peligroso interpretar como carente de amor a quien siempre ha actuado de la misma manera, pero tu estado de ánimo y necesidades de afecto han cambiado. El resultado: podrá cambiar un poco por conservarte o podrás desencantarte si aún deseas pedir "peras al olmo".

Indiferencia por estrategia

Es utilizada por mujeres que buscan llamar la atención de quien les gusta. Por supuesto que funciona, pero en ciertas dosis y con cierta gente. Si la persona en cuestión es orgullosa, difícilmente entenderá el juego de esta indiferencia, donde lo que más se anhela es la presencia de la persona que te interesa.

Te comparto con gusto algunas reacciones que todos adoptamos con quien en forma repentina cae en la indiferencia.

1 Entrar en ese juego, donde ninguno de los dos gana y surge el dolor de perder lo que con tanto esfuerzo se construyó.

2 Hablar de tus sentimientos, pero sin discutir, busca acuerdos donde ambas partes alimenten la relación. Cuando uno de los dos siempre da el primer paso, demuestra más amor e interés, puede ser que el otro tal vez se canse y aleje sin remedio.

3 Tener siempre un nuevo proyecto de vida. Planear a largo plazo hace que una relación tenga un porqué y un para qué. Desde que tengo uso de razón procuro incluir en mi vida un sueño aún no cumplido, un lugar por visitar, un desafío o un aprendizaje por alcanzar.

El fantasma de la indiferencia y la rutina ocasiona la mayoría de las separaciones. No permitas que haga de las suyas en tu vida y con los tuyos. Hay situaciones que no podemos cambiar y otras en las que podemos influir. Tu actitud hacia quienes quieres depende única y exclusivamente de ti. Tú eres el artista que puede dar el toque especial en una relación. De ti depende avivar la llama o apagarla definitivamente.

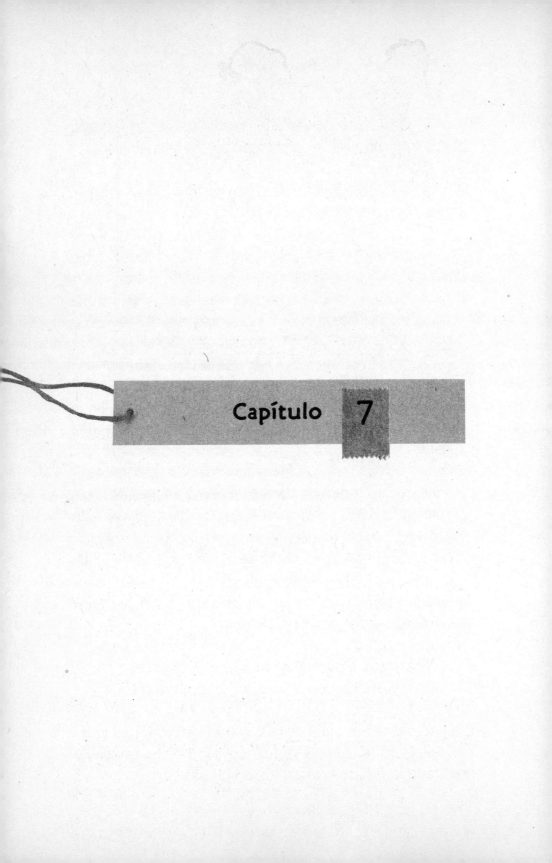

Capítulo 7

EL CLUB DE LOS CORAZONES...
¡INDESEABLES!

Así es. Nunca falta una persona a la que encuentras en la calle, tu trabajo o el vecindario y quieres escapar, alejarte de ella como si vieras al mismísimo diablo. Sí. Una persona difícil, metiche, mala vibra, víbora de la mar, fastidiosa: ¡indeseable!, así como los...

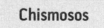

Chismosos

Tan sabroso, pero indigesta; tan común que cautiva y tan dañino que destruye: el chisme.

"Te lo voy a decir, pero júrame que no se lo dices a nadie."

"Te lo digo a ti por la confianza que nos tenemos..."

Te lo voy a contar, pero no me preguntes cómo me enteré..."

Estoy seguro de que todos hemos probado las mieles del chisme, es tan sabroso que nos permite eludir nuestra realidad y nuestras miserias para criticar los errores ajenos.

Está comprobado que el chisme "ayuda" a neutralizar las emociones dañinas y en el momento disminuye el nivel de estrés. Y digo en el momento porque, al paso del tiempo, involucrarse en un chisme ocasiona más estrés del que controlaste al principio.

En las empresas, el "radio-pasillo" es una práctica común. Criticamos lo mal que se hacen las actividades, lo poco sensible que es el jefe, lo mal que marchan las cosas con los cambios, y las razones por las cuales fulanito fue despedido de la empresa o menganita fue promovida gracias a ciertos atributos. Todo esto, aunado a la vida y obra de quienes ahí laboran, incluyendo los romances aún no comprobados, pero que alguien jura y perjura que nunca se equivoca cuando lo sospecha...

Un hecho comprobable es que el chisme destruye vidas, reputaciones, proyectos, sueños, ilusiones. Las víctimas de un chisme desean protegerse con las frases: "Tomo las cosas de quien vienen", "no hago caso a comentarios infundados, mientras mi mente esté tranquila no tengo por qué sentirme mal."

Sin embargo, ¡te sientes mal!, porque dudan de tu honestidad, de tus valores firmes y arraigados. Es difícil pero necesario aplicar frases que consuelan a quienes, sin deberla, son involucrados en comentarios infundados.

La gente siempre hablará, para bien o para mal; es un ejercicio que busca desviar la atención hacia la persona que cuenta el chisme y, generalmente, logra su cometido.

También es muy practicado por quienes sienten que algunas personas obstaculizan su objetivo y, por lo tanto, recurren a un chisme para eliminar la amenaza.

¿Sabes qué es lo peor del chisme? Que te lo creas. Que no hayas aprendido que cuando alguien hace un comentario dañino sobre otra persona en general le agrega de su "cosecha". El chisme viene "aderezado" con pausas, adjetivos o la convicción de que "alguien lo vio o lo escuchó". Si yo digo que determinado gerente es demasiado estricto con la gente y alguien me escucha, puede aderezar el comentario de la siguiente manera: "Dice César que el ingeniero Rodríguez no tiene la mínima consideración con sus empleados. Les exige muchísimo y no tiene perdón de Dios..."

A quien le hagan ese comentario, que *supuestamente* yo dije, tal vez agregue lo siguiente: "Mucha gente dice que el ingeniero Rodríguez está en la mira de la dirección para correrlo por inhumano y desconsiderado. Dicen, no me crean, sólo dicen que hay varias demandas de acoso sexual." ¡Zas!

Reitero, el chisme llega aderezado y el problema más grave es que lo creas.

Si en este momento te pido que pienses en personas a las que les encanta el chisme, ¿quiénes vienen a tu mente? Son personas ubicables, tu subconsciente las tiene etiquetadas como chismosas. Incluso algunos lectores podrían afirmar que les gusta practicarlo y, por cierto, magistralmente.

Cuando escuchas un chisme y haces algún comentario, te conviertes en cómplice y puedes afectar tu futuro. Por ello quiero recomendarte algunas estrategias incluidas en mi libro *Por el placer de vivir*, para que no te involucres ni afectes tu imagen ante personas con las que tratas o inclusive quieres.

Cuando en una reunión se haga un comentario con tintes dañinos de alguien ausente, reacciona así:

1   Vete a otro lado, pero sin expresiones de desprecio. Dirígete al baño o la cocina, di "con permiso" y ya. Eso demostrará que no te interesa escuchar cómo se "comen" a alguien.

2   Escucha y haz un comentario positivo de la víctima del chisme aniquilador. "Yo sé que es un excelente papá..." "Lo que a mí me consta es que pone su mejor esfuerzo en todo lo que hace."

Al hablar así harás que quienes dañan la imagen de alguien reaccionen, además de que en algunos casos no hablarán de quien ha sido defendido por quien sabe ver lo bueno en los demás.

3 Simplemente escucha sin hacer comentarios ni exclamaciones verbales o gestuales. Así no serás cómplice.

Los chismes son resultado de tantas historias inventadas, tantos rumores creídos y tanto daño ocasionado por mentes ociosas o personas con frustraciones que no miden el poder de sus palabras. Dios nos ha dado la capacidad de expresarnos y comunicarnos. Utilizar las palabras en contra o a favor, siempre será una decisión que marcará la diferencia.

Entiendo que puede ser una catarsis ver los errores ajenos y no los propios. Puede ser una terapia para alejar el estrés, pero hay formas más saludables y menos dañinas de lograr el equilibrio que buscamos.

Comparto contigo una frase que espero recuerdes siempre: "Cuando las parejas tienen mucho tiempo juntas y caen en la rutina, al no tener nada de qué hablar, se expresan mal de amigos cercanos."

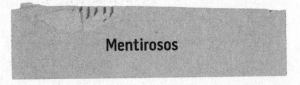

Mentirosos

Estoy seguro de que todos hemos recurrido a la mentira como tabla de salvación o estrategia para obtener algo, como aceptación o reconocimiento.

Los hábitos se forman con la repetición de acciones. Los expertos dicen que con veintiún días que repitamos determinado acto se convertirá en hábito y luego en estilo de vida.

Éstas son las razones más comunes que convierten la mentira en estilo de vida:

1   **Por miedo a perder algo valioso**
Recurrimos a la mentira para no perder algo significativo. El ejemplo más común es la infidelidad descubierta. Caer en la tentación de un doble amorío es un riesgo enorme, de consecuencias no siempre meditadas. La adrenalina, las ganas de sentir que aún se puede conquistar o sentirse amado por la carencia de expresividad en una relación, incluyendo la rutina, son las principales razones de sucumbir ante el espejismo de otro amor. Se niega rotundamente aunque la víctima de la infidelidad tenga "los pelos de la burra en la mano", y no me refiero como burra a la tercera o tercero en discordia, sino a las pruebas de la deslealtad.

> Consideramos valioso un trabajo y recurrimos a la mentira para expresar una y mil excusas por llegar tarde o no entregar oportunamente lo que se nos pide. Recurrimos a la mentira para explicar por qué manejamos tan rápido y ponemos en riesgo nuestra integridad y la de los demás.

2   **Por cuidar nuestra autoestima**
Alardeamos de lo que no tenemos o no hicimos. Agrandamos los éxitos y minimizamos los fracasos con el fin de salvaguar-

dar nuestra valía. Muy diferente a las técnicas saludables para fomentar la autoestima, como el autoconvencimiento de que los errores son naturales y podemos equivocarnos. Aceptar que las cosas sucedieron de determinada manera no significa demeritar mi autoestima ni la consideración de los demás.

3 Por piedad. Mentiras piadosas

"Claro, ¡te ves muy bien!" "Sí, ¡te quedó riquísimo!" "¡Claro que no estás gorda! Estás echa una varita de nardo", y en realidad se ve espantosa, su platillo está asqueroso y cada día está más gorda. Mentiras más, mentiras menos, pero recurrimos a la piedad para no decir algo que en el fondo de nuestro corazón sabemos que no nos agrada. Por no hacer sufrir o evitar un momento difícil, recurrimos a la mentira.

Lo más grave es adoptarla como estilo de vida, excederse y caer en la *adulación*. Quien adula no es identificado en primera instancia, pero conforme pasa el tiempo son detectados, y aunque intenten hacer sentir bien a la gente, causan el efecto inverso pues pierden *credibilidad* en todo lo que dicen y hacen. Por eso es bueno recordar que: "Vale más una verdad sutil que una mentira piadosa."

4 Por dinero

"Mañana te pago sin falta", es una de las frases más comunes. Y ese mañana nunca llega y, para colmo, se recurre a más mentiras para tapar la falta de responsabilidad.

Cientos de empresas anuncian productos milagrosos que prometen bajarás de peso sin esfuerzo, comiendo lo que quieras y acostadito en tu cama, poniéndote determinada faja o sobando las lonjas con una banda que quema tu grasa. Y la falta de educación y la necesidad de bajar de peso sin esfuerzo

hacen que esas industrias generen millones de pesos con mentiras. *El fin no justifica los medios* y, sin embargo, cuando se trata
de dinero, esta frase pasa a segundo término en quienes tienen
la necesidad de salir de problemas o carecen de valores y olvidan
que la vida regresa con creces toda acción en contra o a favor
de alguien.

5   **Mentir por costumbre o mitomanía**

Es la repetición de los actos arriba descritos. Una mentira dicha cien veces se convierte en verdad para quienes la dicen,
hasta que llega el momento en que ni ellos mismos saben si lo
que contaron fue verdad o no.

    Los mitómanos mienten constantemente y la mayoría
de sus mentiras son irracionales, pues no tienen ningún fuda-
mento, es decir, lo hacen de modo innecesario. La mitomanía
se considera un trastorno emocional que consiste en imaginar,
ver y sentir cosas que no pasan en realidad. Los mitómanos
se envuelven en sus propias fantasías, intentan demostrar a
los demás que todo lo que dicen y hacen es cierto. También es
considerada como una enfermedad: quienes la padecen buscan
resolver problemas con falsedades. Al cabo de un tiempo pierden credibilidad y terminan aislados, rechazados en los ámbitos familiar, social y laboral. Cuando los demás descubren que
todo lo dicho es mentira pierden confianza.

    Es más común que la mitomanía se desarrolle en la ado-
lescencia y en la adultez temprana, entre los 18 y 25 años. Suele aparecer en personas insatisfechas con su vida que fantasean para hacerla atractiva ante los demás.

    El mitómano no planea lo que dice y no diferencia qué tan
grande es la mentira o qué tan fuera de contexto está, sino que
la expresa creyendo que controla el orden de sus pensamientos.

La personalidad de los mitómanos es la siguiente: son seres manipuladores, con capacidad de convencimiento y gran personalidad. Tienen pocos amigos y, en cierta manera, son posesivos y celosos. Sus familiares detectan primero el trastorno y les dicen una y otra vez que mienten, lo cual es tomado por ellos como agresión y se aíslan.

En conclusión, el hábito aquí sí hace al monje, y quien expresa la mentira como estilo de vida sufre soledad y críticas frecuentes.

Vale la pena analizar nuestras palabras e identificar las veces que mentimos para salir a flote en problemas cotidianos. Nunca es tarde para dejar costumbres nefastas que nos separan de los demás. Si aceptas que la mentira se convirtió en estilo de vida, date la gran oportunidad de salir de esta fantasía tomando la decisión de decir la verdad. En caso de que creas o sientas que no puedes por ti mismo, busca la ayuda de un terapeuta. No olvides: "La verdad nos hará libres" (Juan 8, 31.)

El arte de detectar a quien miente

La palabra arte se refiere a una destreza adquirida o aprendida. Por lo tanto, quienes poseen esa capacidad pueden desarrollarla con practica. La intuición se desarrolla más en unos que en otros, especialmente entre las mujeres, eso todos los sabemos y a veces no queremos reconocerlo. La mujer, por naturaleza, suele ser más sensitiva en su forma de observar, interpretar y expresar. Los hombres somos más prácticos, generalmente vamos al grano o meollo del asunto.

Una mujer es más descriptiva y analítica a la hora de platicar con quién se encontró y saludó. Para decirnos los detalles de su encuentro agrega hechos o acontecimientos no relevantes para muchos de nosotros, pero ellas, siempre observadoras, nos atrapan con su perfecta descripción de lo que traía puesto la persona, lo rara que se veía, los posibles problemas con su hijo, lo bonitos que eran sus zapatos y demás. Todas estas descripciones para muchos hombres resultan irrelevantes, pero forman parte de la esencia y necesidad femeninas de compartir detalles y emociones.

Aunado a esa cualidad de ver detalles o detectar lo que otra gente no percibe —y que también algunos hombres poseen—, muchas identifican mentiras en familiares, amigos o compañeros de trabajo.

Cada día se conoce más del tema. Hay quienes de forma profesional se dedican a interrogar para detectar las mentiras y comparten algunas pistas relevantes para dar con la verad. Hoy las pongo a tu consideración, pero toma en cuenta que cada caso es diferente. Considera que hay mitómanos y mentirosos profesionales que han hecho de la mentira un arte y difícilmente aceptan sus contradicciones, a pesar del control magistral de sus emociones. Es más sencillo detectar incongruencias o mentiras cuando se conoce más a la persona en cuestión porque su lenguaje verbal y corporal sufre modificaciones.

1   El tono de voz cambia cuando expresan una mentira. Pueden bajar o aumentar el tono, quizá notarás cambios en la modulación de su voz.

2   Se les aplica el dicho: "A explicación no pedida, acusación manifiesta", porque quien miente tiende a explicar de más. Entra en detalles que no vienen al caso en cosas o sucesos que no son de su interés. Es de preocuparse cuando un marido

llega de madrugada en estado etílico y oliendo a perfume de dudosa calidad y pregunta por la salud de tu mamá, cuando nunca le ha importado si vive o murió.

3 Cuando alguien miente cae en uno de dos extremos respecto a la cantidad de palabras; uno puede ser la verborrea, cuando habla de manera exagerada sobre los sucesos, buscando así la justificación o autojustificación de sus argumentos; o habla poco, con monosílabos.

4 Quien miente tiende a mover sus manos en forma exagerada, guardarlas en sus bolsas, tocarse la nariz o la boca con su mano izquierda. El parpadeo se incrementa o disminuye y evidencia, adicionalmente, signos de nerviosismo como sudoración leve o excesiva.

5 Según la configuración cerebral y sin necesidad de entrar en detalles fisiológicos o médicos, quienes recuerdan sucesos vividos tienden a dirigir más su mirada hacia la derecha. Si tú preguntas a alguien qué ropa traía puesta ayer, su mirada puede dirigirse hacia ese lado. Lo mismo sucede cuando la gente recuerda lo escuchado o sentido: la mirada va hacia la derecha. Sin embargo, cuando queremos *imaginar o crear* algo en la mente, los expertos en neurolingüística han concluido, después de observar miles de personas, que la mirada va hacia la izquierda. Por lo tanto, quien miente tiene más posibilidades de dirigir la mirada hacia todos lados, pero más hacia la izquierda.

Una frase contundente para detectar la mentira es el dicho popular: "La mentira dura hasta que la verdad llega." Con el tiempo olvidamos detalles de lo que inventamos y quien duda de nuestros argumentos puede sacarlos a relucir después; de esta manera entramos en contradicciones o inconsistencias sobre los hechos o simplemente no los recordamos.

Por supuesto, la verdad nos hará libres y pasar el trago amargo de detectar mentiras frecuentes nos separa de personas queridas y, si nosotros mentimos, perdemos credibilidad. Te recuerdo que los mentirosos profesionales saben lo anterior y controlan magistralmente movimientos, posturas, gestos palabras y actitudes.

Espero que esta información te ayude no sólo a identificar el instante penoso en que un mentiroso actúa, sino también a recordar que es mejor hablar con la verdad, siempre y en todo momento.

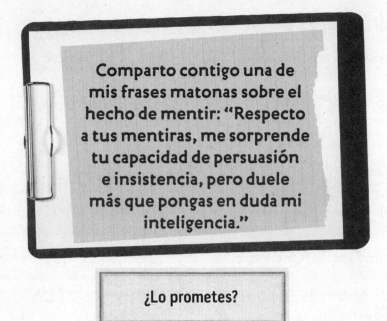

Comparto contigo una de mis frases matonas sobre el hecho de mentir: "Respecto a tus mentiras, me sorprende tu capacidad de persuasión e insistencia, pero duele más que pongas en duda mi inteligencia."

¿Lo prometes?

"¡Te lo juro!" "Por ésta... (haciendo una cruz con los dedos índice y pulgar, y besándola) que fue verdad." " "En serio, ¡te lo prometo!"

Cada día más personas juran una y otra vez para convencer de su verdad, y estoy seguro de que tienen un por qué. Niños y adultos que intentan convencer de que lo que cuentan fue realidad o que ahora sí van a hacer lo que les piden...

"Quien no duda de lo que dice, no tiene necesidad de prometer o jurar." Aparte de cuestiones religiosas que nos piden no jurar en nombre de Dios en vano, considero que esta estrategia es algo desgastante.

En su momento, yo mismo lo hacía pero un día descubrí que era por imitación. Un amigo lo hacía y yo imité tan pésimo hábito. Desde luego, hay otras razones por las que juramos una y otra vez:

1 Por mentiras descubiertas o encubiertas que celosamente guardamos y no deseamos salgan a la luz.

2 Por antecedentes de irresponsabilidad en que se nos solicitó algo y no lo hicimos, y por lo tanto se duda de nuestra futura acción.

3 Por la inseguridad al convencer sobre un hecho. No están cien por ciento seguros de que sea verdad lo que dicen, pero no desean que se dude de su palabra.

4 Porque alguien nos pide que juremos o prometamos lo que decimos, pues quien lo solicita ha tratado con personas que utilizan la mentira como estilo de vida.

5 Porque mucha gente lo hace para convencer y ve que sí funciona.

Claro que hay más razones, pero considero que las descritas son más comunes.

¿Recuerdas aquella célebre y penosa entrevista que realizó Oprah Winfrey a Lance Armstrong? El deportista que sorprendió al mundo por sus múltiples hazañas en el ciclismo admitió que se dopó durante las siete ediciones del Tour de Francia que ganó. Armstrong dijo que entre las sustancias utilizadas estuvieron EPO, cortisona, hormona masculina llamada testosterona, incluso se realizó transfusiones de sangre para mejorar su condición física. Todo lo anterior estaba prohibido y penado por el mundo del ciclismo.

Toda una celebridad. Todo un ejemplo a seguir. Millones de personas aplaudieron su éxito después de ser admirado como sobreviviente de cáncer. Un ícono cuando se hablaba de personas dignas de imitarse pero, al descubrir esa terrible mentira, todo se vino abajo. En una ocasión, Armstrong fue acusado de dopaje y entabló una demanda por difamación, anteponiendo su palabra y juramento. Ganó el juicio y obtuvo otra cantidad considerable de dinero a costa de la mentira.

La entrevista realizada por Oprah me impactó, más cuando, con una sonrisa, dijo que no hubiera ganado el Tour de Francia siete veces sin haberse dopado. ¿Qué sentirá ahora su familia? ¿ Los ciclistas que quedaron en segundo, tercero o cuarto lugar en competencias donde él salió victorioso a costa de la trampa y la mentira?

Este suceso me hace pensar cuántas veces, por ganar o salirnos con la nuestra, mentimos, incluso juramos para que se crea "nuestra verdad".

El fin nunca justifica los medios. La mejor estrategia es la prudencia al hablar y actuar. Recordemos que la mentira es falta de honestidad y cobra facturas muy caras.

Es difícil, mas no imposible, aplicar la verdad en todo lo que hacemos. No te conviertas en persona difícil por la poca veracidad de tus palabras. Te comparto algunas estrategias para que la verdad sea tu estandarte:

1   Haz el firme propósito de hablar con la verdad, por más dolorosa que sea. Cuando nos proponemos algo y lo hacemos de corazón, hay más posibilidades de lograrlo.

2   Vale más una verdad sutil que una mentira piadosa. Es mejor decir la verdad aunque duela, pero de manera mesurada, buscando la forma más suave o amorosa de expresar tus sentimientos.

3   Evita repetir una y otra vez que tu argumento es verdad. Evita jurar, prometer o empeñar tu palabra porque entre más lo hagas más se dudará de ti.

4   En caso de ponerse en duda tu verdad, sólo di "así fue", y ya. Evita la tentación de convencer a toda costa. A veces el silencio es la mejor estrategia.

5   Cuando tus argumentos sean destruidos injustamente, es bueno terminar la conversación diciendo: "Lo que digo es

verdad." De nuevo te recuerdo este dicho popular: "A explicación no pedida, acusación manifiesta."

Al leer esta parte del libro a una persona sin reparos me dijo: "¡Le juro, doctor, que yo nunca juro!" ¡Sopas!

Que tu verdad sea tu bandera por la honestidad que te respalda.

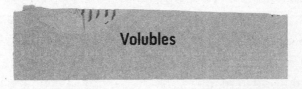

Volubles

"Un día están de buenas... otro día de malas..." "Un día dicen que te quieren... y otro que dudan o te odian." "Un día dicen *bendito el día que te conocí... y otro, ¡maldita la hora en que nos presentó tu hermana!*"

Los volubles cambian de opinión, tienen un carácter débil y/o se dejan influir fácilmente. La gente voluble se considera inconstante o inestable.

Cambian de estado de ánimo o se dejan influir por las circunstancias a tal grado que "bailan al son que les toquen", según se sientan en el momento.

Es obvio que durante el día tenemos diferentes estados de ánimo, tal vez por la mañana nos sintamos más alegres y optimistas que en la tarde, o viceversa. Es natural hasta cierto grado que con algunas personas estemos más a gusto y contentos que con otras, incluso algunas cambian para bien o para mal nuestra manera de ver la vida.

Sin embargo, la gente voluble es difícil de entender por la gran variedad de emociones que manifiesta.

No deseo incluir en este libro el término *bipolaridad*, que consiste en estados de manía o, en casos más leves, hipomanía con episodios depresivos, de tal manera que el afectado oscila entre la alegría y la tristeza de modo más marcado. Por lo general, tiene un desequilibrio electroquímico en los neurotransmisores cerebrales y requiere un tratamiento especializado.

En cambio, la gente voluble es impredecible por esos estados de ánimo alternos entre el buen y el mal humor. Es difícil quererlos. En otras palabras, hay que *medir* cómo vienen para predecir sus reacciones.

Debido al desgaste emocional de saber cómo hablarles o tratarlos, las relaciones se hacen conflictivas y distantes con ellos se les deja de querer para empezar a soportarlos, ¡claro! Siempre y cuando exista algún beneficio que compense aguantarlos, si no, la relación se desecha.

¿Cómo los identificas?

1   Estados de ánimo cambiantes.
2   Se sienten incomprendidos por quienes los rodean.

Difícilmente aceptan su volubilidad, son así porque la gente los exaspera: "Si me van a querer... que me quieran como soy", "por la buena soy muy buena, pero por la mala que no me busquen..." "¡Reconozco que tengo mi carácter! Pero es porque la gente me desespera."

Los volubles lo son desde temprana edad y con el tiempo se acentúan sus cambios de humor. Se identifican fácilmente, pero quienes se enamoran de ellos o ellas, caen en la trampa de creer que con el tiempo se les quitará.

Algunas recomendaciones para tratarlos son:

1 Detectarlos e informarles de sus cambios bruscos y actorales de carácter y analizar su forma de reaccionar. Quienes lo padecen no lo aceptan y creen que es parte de su personalidad. El diálogo ayuda, pero más los acuerdos para identificarlos y hacerlos conscientes de sus cambios de humor.

2 Concluir que ante las constantes crisis de volubilidad se optará por aplicar la indiferencia como respuesta. Recordé que en Alcohólicos Anónimos recomiendan para tratar a quienes no desean recibir ayuda, dejarlos tocar fondo. Cuando ven que quienes los rodean no desean hundirse con ellos, es cuando buscan ayuda.

3 Es increíble cómo la palabra toma poder al convertirla en decreto: "Todo va a estar bien", "todo pasa", "hoy tendré paciencia, prudencia y entendimiento", "tengo y aplico control en mis emociones", "el problema no es lo que me pasa, es cómo reacciono a lo que me pasa".

4 Buscar ayuda profesional para identificar dónde radica el cambio de emociones constantes. Analizar sus causas y, en su caso, continuar con terapia para controlar las emociones.

5 Buscar una vara para medir cada mañana su nivel ¡de volubilidad! Obviamente no es posible, pero sería buenísimo que existiera.

Obsesivos

Durante mucho tiempo he creído que todos, en mayor o menor grado, tenemos algo de obsesivos en nuestro trato con los demás, en los cuidados con nosotros mismos y con nuestros hijos, o diferentes manías de las que probablemente nunca nos hemos percatado.

Hace unos días, al salir del baño de un restaurante me di cuenta de que no soy el único que, después de lavarme las manos, no deseo agarrar la manija de la puerta y tomo un papel para abrirla y lo tiro en el cesto de basura; cuando no hay papel se deben hacer malabares.

Sin embargo, me ha sorprendido la gran cantidad de personas con manías similares, incluso algunas pueden indicar algo más serio, como un trastorno obsesivo compulsivo (TOC).

Nunca olvidaré a una paciente que atendí mucho tiempo. Tenía la obsesión de lavarse las manos hasta ¡cincuenta veces al día!, por creer que las tenía sucias. Imposible saludarla de mano, pues lo evitaba. Sufría ella y también su familia con esta terrible manía.

Quien padece manías semejantes tiene pensamientos angustiosos, molestos o repetitivos, muchas veces inconscientes, fruto de relaciones familiares o situaciones estresantes, como la muerte de un familiar o el desempleo, entre muchos otros motivos.

Se calcula que en Estados Unidos el TOC afecta de 2 a 3 por ciento de la población. Alrededor de dos tercios de personas con TOC presentan los primeros síntomas antes de los 25 años, mientras sólo 5 por ciento desarrolla los primeros síntomas después de los 35 años.

En México existen 2 millones de personas con trastorno obsesivo compulsivo, que afecta a niños de 6 años y también a adultos mayores. Tiende a convertirse en una enfermedad crónica, por ello la Organización Mundial de la Salud la ubica como la décima enfermedad incapacitante. De acuerdo con algunos estudios, se ha encontrado cierta influencia hereditaria, ya que 35 por ciento de las personas que padecen TOC tienen un familiar con este problema.

Quiero indicarte los signos y síntomas más comunes. Probablemente te identifiques con alguno o recuerdes a alguien cercano que los padece y no ha recibido terapia adecuada.

• **Miedo a la suciedad o a la contaminación.** Tienen una preocupación constante por las manos y la ropa sucias. Miedo a contaminarse con bacterias y virus.

• **Miedos relacionados con accidentes o actos de violencia.** Ser víctima de un acto de violencia. (Bueno, con lo que vivimos actualmente en materia de inseguridad, yo creo que todos tenemos este rasgo obsesivo-compulsivo.) Revisan una y otra vez que la puerta esté perfectamente cerrada para evitar a los intrusos.

• **Miedo al desorden o a la asimetría.** Tienen una necesidad irresistible de ordenar todo y sufren ansiedad si descuidan el más mínimo detalle. Por ejemplo, tener medias "incorrectamente" alineadas en un cajón o alimentos "incorrectamente" acomodados en un plato.

• **Indecisión.** Dudan mucho al tomar decisiones y piensan una y otra vez la misma situación. Preguntan a cuanta persona se encuentran cuál es la mejor decisión ante cierta circunstancia.

• **Repetición.** Para eliminar la ansiedad, algunas personas con este padecimiento pronuncian una frase o una palabra muchas veces.

- **Comprobación.** Tienden a comprobar varias veces si han realizado una acción. Como dije, si cerraron la casa correctamente, si apagaron la estufa, si cerraron las llaves, etcétera.
- **Coleccionismo.** Tienen la manía de guardar objetos inútiles por si algún día se les ofrece, como ropa, papeles, periódicos y más.
- **Atormentados y obsesivos puros.** Experimentan reiterados pensamientos negativos, incontrolados y perturbadores.

No realizan comportamientos repetitivos de tipo físico, sino que rumian mentalmente.

¿Te identificaste con alguno de los signos y síntomas anteriores? Nunca es tarde para el tratamiento. Si alguien cercano a ti los padece, es fundamental que acuda a terapia.

El tratamiento más efectivo para el TOC es combinar psicoterapia con medicamentos. Tu médico podrá decirte cuál es, con base en la gravedad del cuadro, la estrategia adecuada para sobrellevar esta enfermedad.

Mi obsesión por el orden en la forma en que guardan mi ropa, el planchado perfecto de mis camisas, la raya de los pantalones, me ocasiona conflictos con mi esposa y las señoras que nos ayudan en casa. En ciertas tintorerías me he convertido en cliente no grato por las veces que me he quejado de lo mal que me entregan los trajes. En un cumpleaños que tuve la bendición de celebrar, luego del tradicional canto en familia de "Las mañanitas", mis hijos y mi esposa me dieron algunos obsequios. Las dos cajas que más me llamaban la atención eran las que mi esposa tenía a un lado de ella, perfectamente envueltas con papel plateado. Su sonrisa me inspiraba cierto aire de incertidumbre, incluso temor a que fuera una de sus bromas. Al terminar de abrir los regalos de mis hijos, me pidió que abriera sus dos cajas. Una grande y otra pequeña. Obvio, abrí primero la grande e igual de grande fue mi sorpresa al constatar su contenido: un burro de planchar. Y seria me dijo: "Abre la caja chica." Era una plancha.

"¿Y esto?", pregunté.

"Es un burro y una plancha", dijo. "Ya estamos hartas de re-planchar una y otra vez tu ropa. Ahora, si no te agrada, la planchas tú."

¡Santo remedio! La verdad ya no me importa mucho cómo planchan la ropa en mi casa y en la tintorería.

En conclusión, el mejor remedio para controlar las obsesiones es trabajar activamente con ellas.

Agresivos

Gente ruidosa

Recuerdo una ocasión que fui al cine con mi familia. Atrás de mí había un señor acompañado de una dama y cada tres o cuatro minutos hacía un ruido con su garganta, carraspeaba fuertemente. Pensé por un momento que sólo yo era poco tolerante, pero después de unas veinte veces que escuché el ruido de sus flemas incontrolables, alguien —más valiente o intolerante que yo— chistó fuertemente. Por supuesto, en nada cambió la situación, pero los disparos y ruidos propios de la película disminuyeron un poco su peculiar y desagradable sonido, producto, según mi imaginación por alguna misteriosa actividad en los oscuro y que se delataba con los ruidos de su garganta.

Respetando a quienes por alguna discapacidad o problema físico tienden a realizar ruidos involuntarios, hay muchas personas con diferentes manías que pueden sacar de quicio al más santo. Esto depende del grado de tolerancia que cada quien tenga y del momento que se viva. No reaccionamos igual ante lo que nos rodea cuando nuestro estado de ánimo no está en su mejor momento, por no decir que andamos irritables. Con gusto te describo algunos personajes detectados en esos momentos.

Quienes tienen por costumbre carraspear sin ninguna enfermedad aparente, como el que acabo de mencionar. Incluyo a quienes se suenan la nariz con un estridente sonido en los momentos menos apropiados, como por ejemplo al estar en un restaurante. Emiten un sonido similar a una corneta mal afinada y no sólo se suenan la nariz, ¡además checan las características de su asquerosa mucosidad en el pañuelo!

Los seres con quienes viajar se convierte en un verdadero suplicio. Hojean ruidosamente el periódico sin importarles que la persona de junto esté dormida. Eso, sin agregar que, probablemente, el viaje sea en esos aviones pequeños e incómodos con poco espacio para cualquier persona promedio.

Quienes por costumbre hablan o, mejor dicho, gritan o vociferan por su celular en lugares públicos. Esas personas nos hacen partícipes de sus problemas familiares, hazañas, preguntas, regaños, deudas o conflictos laborales, sin importarles que se encuentran en lugares donde el silencio es fundamental como el cine, el teatro, una exposición, la biblioteca o en CONFERENCIAS (en mayúsculas, ya sabrás por qué). Agrego en esta clasificación a quienes sienten algún leve remordimiento por contestar llamadas en lugares inapropiados e intentan mitigar su voz tapando el celular con una de sus manos, olvidando que con eso el sonido de su voz es más fuerte, claro y sonoro, y nos comunican sus vivencias, las cuales, sinceramente, no nos interesan.

Siempre he aceptado que la risa es contagiosa, pero no siempre para bien. Cuando te encuentras en un lugar donde el silencio impera o las cosas no te han salido bien, no has dormido lo suficiente, necesitas poner en orden tus pensamientos y tus ideas, te sientes de muy mal humor, entonces, estar al lado de dos o más personas que rían estruendosamente se convierte en un martirio. No ríen, se carcajean por todo y por nada. No todas las risas son contagiosas y agradables, y mucho menos las fingidas con gritos agregados o emitidas por personas deseosas de llamar la atención.

No puedo pasar por alto en esta peculiar clasificación a quienes acostumbran hablar fuertemente en cualquier momento u ocasión. Ésa es su costumbre y hacen de los gritos un estilo de vida. Piden las cosas gritando o vociferando. Cuando alguien de su familia o algún amigo piden que hablen un poco más bajo, responden fuertemente, extrañados sobre el porqué de su petición. O sea, *¡así soy y punto!* Recordé a un familiar lejano que tiene esa característica. Su esposa me contaba entre quejosa y resignada que constantemente le preguntan si su marido está enojado, a lo que ella respondía: "¡No! ¡Claro que no! Así es... Así habla él y por supuesto que no está enojado."

¡Imagínate! Tener que justificar el tono de voz de un hombre que no padece ningún tipo de sordera y por costumbre grita en todo momento y lugar. Lo más lamentable de la situación es que dos de sus hijos huyeron del hogar para independizarse cuanto antes. Nadie disfruta estar junto con alguien que grita siempre.

Debemos reconocer que en algún momento de nuestras vidas somos insoportables para alguien, ya sea por alguna actitud o manía. Gente ruidosa hay por doquier y pone a prueba esta virtud tan fundamental en las relaciones humanas llamada *tolerancia*. Sé que alguien podría sentirse agredido y le ofrezco una disculpa, pero además le pido comente esta parte del libro con alguien que verdaderamente lo quiera y le pregunte con firmeza, suplicando escuchar la verdad: "¿Tú crees que estoy dentro de alguno de estos cinco tipos de gente ruidosa?" Espera con humildad la respuesta. Si esa persona tarda en contestar, date por enterado.

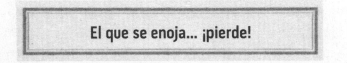

El que se enoja... ¡pierde!

Después de leer el nuevo libro de Robert Greene, *Las 33 estrategias de la guerra*, llegué a la conclusión de que, en efecto, el que se enoja y no controla la calma... ¡pierde!

Es un libro lleno de pasajes históricos que destacan cómo los errores y aciertos humanos han marcado el rumbo de las naciones y del mundo entero. Lo mejor es que nos invita a identificar qué reacciones humanas ocasionan conflicto, incluyendo el error de no saber controlar la ira.

Qué gran verdad nos transmite el autor cuando dice que entre los seres humanos existen diversas guerras. Los intereses son variados y siempre habrá personas que piensen en forma diferente. Y precisamente por esa heterogeneidad de pensamientos y formas de actuar se suscitan conflictos entre las personas.

En nuestras relaciones cotidianas siempre habrá críticas, errores, desconciertos y traiciones, por ello estar preparados nos hará responder de manera madura y eficaz.

Nos diferenciamos del resto de los animales por nuestro raciocinio y las emociones que experimentamos. Al presentarse una adversidad, el equilibrio disminuye y las emociones nos hacen actuar de manera inesperada y muchas veces incorrecta. La mente tiende a ser más débil que las emociones, y al hacer esto consciente, aprendemos a reaccionar. No hay nada como la práctica continua, ejercitar nuestra paciencia y la capacidad de reaccionar de modo positivo en las cosas pequeñas de la vida, para evitar conflictos en las relaciones interpersonales.

En las relaciones humanas conflictivas hay tres puntos fundamentales, estos son:

1   Mantener la calma cuando otros no lo hacen

Éste es el signo de madurez más importante que existe. Aun cuando por dentro estés temblando de miedo o hirviendo de coraje, demostrar serenidad siempre hará que la gente adopte el ritmo que deseas.

Con esto no resto importancia a conservar un sentido de urgencia muchas veces necesario, pero logrando que cordura y templanza se mantengan de tu parte cuando los demás no pueden.

Admiro a esos líderes que a pesar de los conflictos se mantienen en una postura erguida, con sus emociones controladas. Reconozco que esto no es tarea fácil, pero con práctica constante será posible aplicarla en momentos cruciales de la vida. Puedes controlar tus emociones mediante ejercicios de visualización o simplemente contando hasta diez. La respiración profunda para nivelar el estrés siempre será algo positivo.

2   El que pregunta lleva la batuta y dirige

La persona inteligente no sólo es quien contesta correctamente, sino quien sabe formular las preguntas adecuadas. Este principio es clave cuando se trata con personas agresivas. No es necesario confrontarlas con afirmaciones que incrementarán su agresividad. Es más fuerte formular preguntas cuyas respuestas abrirán los ojos y la razón de la persona en cuestión.

Este principio es increíblemente infalible en el proceso de ventas. Un vendedor sabe que el cuestionamiento ayuda acomprender los beneficios del producto que desea comercializar.

3   La gente necia siempre existirá

Es mejor aceptarlo y adaptarnos. Yo creo que cuando Jesús dice: "A los pobres siempre los tendrán", se refiere no sólo a los pobres económicamente hablando, sino también a los pobres en razón, prudencia, cordura e inteligencia.

Nuestro tiempo es muy valioso y la energía más. No podemos malgastarla por ahí con personas que sólo cumplen en el mundo su misión de ser necios. Sí, el mundo está lleno de necios que arrojan su frustración contra los demás.

No hay mejor técnica para sobrellevarlos que saber que siempre existirán y nos saldrán al paso por todas partes; aprendamos a vivir con ellos. Te recomiendo que los concibas como niños que intentan persuadirte o agredirte. Visualizarlos como niños nos ayuda a tener compasión y paciencia. Darles cierta importancia, pero no tanta como para que afecten tu equilibrio emocional.

Sé que mantener la cordura y la calma es uno de los mayores retos. Y más porque precisamente cuando la perdemos, nos metemos en problemas. La historia está llena de personajes célebres que mantuvieron la serenidad en momentos críticos y esa prudencia los hizo pasar a la historia.

No hagamos evidente el desprecio

Obvio, no todo mundo nos agrada y es imposible agradarle a todo mundo. Gente insoportable saldrá a nuestro encuentro y depende de nosotros la reacción ante su presencia, según nuestros estándares de armonía y bienestar.

No es que seamos hipócritas al querer demostrar amabilidad o respeto con quien no nos cae bien o no soportamos. Tampoco es que nos falte autenticidad cuando estamos con gente insoportable. Simplemente se trata de inteligencia y madurez para sobrellevar a quienes, por diferentes razones, *no son santos de nuestra devoción* o los consideramos personas no gratas.

El estrés por tantas actividades, más las que nos echamos a cuestas por no saber decir no, nos mantiene ocupados e irritables, nos predispone a explotar ante la menor provocación. Nos mantenemos ocupados con la finalidad de ganar dinero y dar bienestar a quienes nos rodean; esto nos hace creer falsamente que es la fuente de la felicidad y olvidamos que el amor, la compasión y el interés por los demás son las verdaderas fuentes de felicidad. Si vivimos conforme a lo anterior, difícilmente nos afectarán las circunstancias adversas a las que nos enfrentamos día a día.

Sobre esto, el Dalai Lama escribió lo siguiente: "La ira no se puede vencer con ira. Si una persona muestra ira hacia ti y tú respondes con ira, el resultado será desastroso. En cambio, si controlas tu ira y muestras el sentimiento opuesto —amor, compasión, tolerancia y paciencia—, no sólo conservarás tu paz interior, sino que la ira del otro ser se apagará poco a poco."

Bendita capacidad de raciocinio y juicio de los seres humanos, pero esa misma capacidad nos hace ver *moros con tranchetes* y demostrar nuestro malestar. Nos arrepentimos de lo que dijimos o hicimos, pues son acciones basadas muchas veces en pensamientos producidos por la ira o las falsas suposiciones. Lo mismo pasa con los comentarios que hacemos de personas que apenas conocemos y a las que aplicamos un *juicio descalificador*, que además de injusto, provoca desgaste emocional. Las apariencias engañan, no siempre lo que vemos es la realidad: todos aplicamos filtros, limitaciones, condicionamientos y suposiciones.

Madurez, sensatez, amabilidad y cordura se demuestran con la capacidad de reaccionar ante lo inesperado o lo que nos desagrada. Demostrar desprecio hacia alguien nos hace vulnerables a cualquier sufrimiento, porque nunca encontraremos el estado pleno ni lograremos cambiar a la gente que nos rodea.

Se dice que hay tres cosas muy difíciles de ocultar: *dinero, amor y pésimos modales*. Agrego que también es difícil ocultar el *desprecio* hacia alguien, porque los lenguajes corporal y verbal nos delatan tarde o temprano con alguna de las siguientes manifestaciones:

1 **Mirada hacia arriba al escuchar, ver o hablar de alguien.** Es un signo evidente de desprecio utilizado por mucha gente que, de tanto repetirlo, lo hace de modo inconsciente.

2 **Suspiros abruptos.** Señal de desesperación evidente ante lo que sucede.

3 **Miradas fulminantes a la persona en cuestión.** Hay quienes tienen la mirada tan penetrante que intimidan a quienes no soportan y a quienes quieren. Son miradas que *matan* y demuestran poco control de emociones.

4 **Estar de pie frente a una persona y cruzar los brazos.**
Eso significa: "Pinta tu raya", marco mi territorio.

5 **Palabras hirientes,** llenas de resentimiento o sarcasmo,
dirigidas como veneno letal a quienes no soportan o desprecian.

6 Ignoran los comentarios utilizando el látigo de **la indiferencia.**

7 **Desplantes irrespetuosos,** provocando incertidumbre en
la persona en cuestión.

Nuevamente hago alusión al Dalai Lama. Un día vi por televisión un cuestionamiento sobre este tema. Le solicitaron un
método práctico para afrontar algo que nos afecta a todos por
igual: las circunstancias desfavorables, incluyendo a la gente que
nos desagrada. Él respondió: "Cuando te enfrentes a circunstancias desfavorables, ante todo mantén la calma. No sirve de
nada angustiarse o ponerse nervioso. Comprender la teoría del
karma y que toda la existencia mundana tiene como naturaleza el sufrimiento, te ayudará a mantener la calma. Aunque
actuemos con el mejor de los criterios, quizá tropecemos con problemas. Lo más importante es mantener la calma, porque sólo
entonces investigaremos sin emoción ni angustia."

Juzga con calma y luego toma una decisión. Si resulta
que no es acertada, no lo lamentes. Esa actitud te ayudará,
porque no somos clarividentes...

Demostrar desprecio nos aleja de la armonía y el amor.
No existe la persona perfecta y todo es transitorio. Esta característica puede animarnos a soportar la carga de tratar con
gente insoportable. Asimismo, me invita a tener fe en que todo
pasa y de todo se aprende. Con el tiempo entendemos que la
gente que nos desagrada se convierte en maestros de vida por
la paciencia y tolerancia que fomentaron en nosotros y que antes no teníamos.

Evitemos muestras de desprecio porque se guardan celosamente en el subconsciente de cada uno de nosotros y nos convierten en expertos en la materia, incrementando el número de quienes merecen estar en ese círculo basado en el odio y el rencor.

Don Perfecto y doña Perfecta

"Yo no fui..." "La que empezó fuiste tú" "¿Enojado, yo? ¡Para nada! La enojada eres tú" "La verdad... no sé por qué eres así. Yo nunca te digo nada. Yo jamás te provoco." "¿Yo? ¿Qué hice?"

¡Don Perfecto! ¡Doña Perfecta! Jesucristo los hizo a mano y resultaron un producto único, sin defectos ni fallas. Todos están mal, menos ellos o ellas. Buscan culpables y no soportan las críticas. Si las cosas salen bien es por ellos, si salieron mal, ¿quién fue?

En cualquier ámbito —profesional, social y familiar— existen y se detectan por lo insoportables que son.

¿En qué momento alguien carece de sensibilidad para aceptar sus fallas y errores? ¿Cuáles factores hacen de la soberbia un hábito?

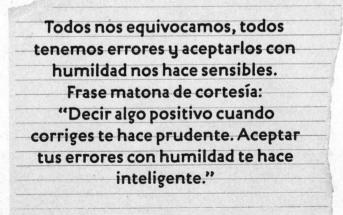

Todos nos equivocamos, todos tenemos errores y aceptarlos con humildad nos hace sensibles.
Frase matona de cortesía:
"Decir algo positivo cuando corriges te hace prudente. Aceptar tus errores con humildad te hace inteligente."

Durante los primeros años, los padres de familia caemos en el error de reconocer sólo los éxitos deportivos y estudiantiles de nuestros hijos y olvidamos sus cualidades personales. Alabamos sus logros y pasamos por alto admirarlos como son. Al paso del tiempo, la exigencia se puede hacer mayor al igual que criticarlos por no lograr su cometido.

Los hijos se exigen demasiado y, por ende, intentan satisfacer a los demás haciendo las cosas siempre bien o lo mejor posible, sin permitirse errores, lo que significaría fracaso o pérdida de aceptación.

Aunque los padres lo neguemos, indirectamente hacemos daño a los hijos al expresar cariño y admiración cuando hay logros importantes. Decirles que siempre pueden mejorar o que siempre hay que poner el máximo esfuerzo, podría considerarse algo saludable pero, como en todo, los excesos son nocivos.

Esas ganas de aceptación por ser perfectos puede acompañarlos el resto de sus vidas, haciendo de sus relaciones un suplicio, exigiendo el máximo esfuerzo a quienes los rodean y sobre quienes tienen algún tipo de liderazgo.

Se exigen demasiado a sí mismos y evitan a toda costa las críticas. La justificación de sus actos está presente y evitan la responsabilidad de los errores: siempre encontrarán culpables directos o indirectos.

La gente que se cree perfecta tiene estrecha relación con la soberbia y la vanidad. El escritor y catedrático de psicología, Enrique Rojas, dice que la soberbia es la trampa del amor propio: estimarse muy por encima de lo que uno en realidad vale, lo cual incluye falta de humildad y lucidez para aceptar la propia imperfección.

La palabra vanidad procede del latín *vanitas*, significa "falto de sustancia, hueco, sin solidez". Se dice también de algunos frutos, cuyo interior está vacío y sólo hay apariencia. En la vanidad, la estimación exagerada procede de fuera y se alimenta del elogio, la adulación y el halago.

En la soberbia y la vanidad hay una sublevación del amor propio que pide reconocimiento general. La primera es más grave, porque a ella suele añadirse la dificultad para descubrir defectos personales en su justa medida y apreciar las cosas positivas en los demás.

La soberbia entorpece y debilita cualquier relación amorosa. Hace casi imposible la convivencia, y promueve en los demás el servilismo. Imposible estar bien con los demás, si no estás primero bien contigo mismo. Las recomendaciones son claras en especial para quien convive con alguien que se cree perfecto y no tiene humildad.

¿Estás dispuesto a soportar esa actitud por mucho tiempo?

¿Te visualizas con alguien que no acepta sus fallas y exagera sus cualidades o virtudes?

Algunas recomendaciones adicionales para sobrellevar a este tipo de gente son:

1   El perfecto lo es porque alguien le alimentó el ego y se lo creyó.

2   Una dosis de "ubicatex" para hacerle ver sus defectos naturales, mostrándole sus exageraciones al hablar y recodándole que todos nos equivocamos, la perfección sólo la tiene Dios.

3   Al no aceptar su responsabilidad, es saludable decirle qué detectas él o ella no ve, pero evitando el conflicto. Descubrir una a una las razones por las cuales crees que debería aceptar su error. Si al final escuchas un rotundo "no es así" o un "yo no fui", termina tu diálogo con una mirada y un silencio que exprese más que tus palabras.

4   Pedir la opinión de alguien más ayuda, y mucho. Siempre y cuando se cuiden modo y contenido. Probablemente habrá sentimientos encontrados al quedar en evidencia, pero es justo y necesario, ¿no crees?

5   Otra estrategia es decirle en tono serio: "¿Cómo haces para ser perfecto?", te aseguro que funciona porque la he puesto en práctica. "Me impresiona que nunca te equivocas y la perfección en tus actos está siempre presente. Nunca causas ningún conflicto. ¿Cómo le haces?", y luego te hincas y le prendes una veladora a ese nuevo santo sobre la faz de la Tierra... bueno, eso último mejor no.

Vampiros emocionales

El doctor Albert Bernstein explica las claves para entender el comportamiento vampírico en las personas, capaz de agotar a cualquiera, por muy fuerte que sea, psicológicamente. Los vampiros emocionales son colaboradores, amigos o familiares, que se ganan nuestra confianza y afecto para luego robarnos la energía emocional que tanto necesitamos.

Esas criaturas "de la oscuridad" tienen egos tan desmesu-
rados o conciencias tan insensibles que dañan a las personas
que dicen querer. Pueden ser monstruos coléricos que no asu-
men responsabilidades; o bien, individuos incapaces de hacer
algo por sí mismos.

Podemos clasificarlos en:

1 Vampiros antisociales

Pensarías que son personas que no gustan de tratar a la gente,
pero son todo lo contario. Estos personajes son adictos a la
excitación y sus consecuencias. Les encantan las fiestas, no las
reglas sociales, por eso se les llama así. Odian el aburrimiento,
lo único que buscan es pasársela bien, con acción y gratifica-
ción inmediata para sus deseos. Son divertidos, les encantan
los retos y los grandes momentos. Afirman que las reglas sociales son para romperse: "¿Para qué tanta regla? ¡Lo importante
es divertirse y ya!"

No profundizan en las relaciones con los demás porque no quieren compromisos; lo que desean es disfrutar el
momento. Como les encanta la diversión, son malísimos en
sus finanzas. Tienden a ser muy aceptados por la diversión y
alegría que transmiten. Sus encantos cautivan a todos. En su
afán por estar alegres caen en excesos como la drogadicción
y el alcoholismo.

2 Vampiros histriónicos

"Histriónico" significa teatral. Este tipo de vampiros montan
todo un espectáculo. Creen que jamás hacen algo inaceptable,
todo es por el bien de los otros. Expresan que no quieren hacer
daño y lo único que desean es agradar y ayudar. Estos seres viven para conseguir atención y aprobación. Tienen lo que hace

falta para que los dejes entrar en tu vida. Son serviciales y muy amables. Ayudan en los mínimos detalles para que, si en algún momento prescindes de ellos, sientas culpabilidad.

En el ámbito laboral utilizan la adulación para obtener beneficios. A nivel familiar, un ejemplo típico es cuando el marido dice a la esposa —histriónica, por cierto— que jugará futbol con sus amigos: "Claro, ve, pero te voy extrañar mucho. Me voy a quedar muy sola, pero ve, diviértete, disfruta con tus amigos. Yo veré qué hago aquí solita."

Obviamente, con todas estas palabras aderezadas con ese toque de víctima y una carita de amor desmedido y abnegación, el hombre siente culpabilidad: "No quiero que estés triste. Sólo voy unas horas." "¡Claro!", contesta la mujer. "Ve, no hay problema! No te preocupes por mí." Así concluye su magistral actuación, pero el daño ya está hecho. La herida ya fue practicada y el hombre —sumiso y abnegado, por cierto— se va con un dejo de culpabilidad.

3 Vampiros narcisistas

Bernstein dice que son individuos que desean vivir sus fantasías grandiosas y ser las personas más inteligentes, con más talento y las mejores del mundo. El narcisismo no radica en que se consideren a sí mismos mejores que otros, sino en que no piensan en los demás. Como su ego es muy grande, alardean de conseguir más que la mayoría. Continuamente fantasean con hacer algo grande o ser muy famosos.

Lo más significativo de estos personajes es su poco interés por lo que los demás piensan o sienten, a menos que necesiten algo de ellos. Creen que las críticas son por celos o envidia; tienen una gran incapacidad para reconocer sus propios errores. No obstante, tienden a ser personas inteligentes y dotadas.

4 **Vampiros obsesivo-compulsivos**

Son adictos a la seguridad. Creen que la pueden obtener mediante una atención escrupulosa. No ven el bosque, debido al gran número de árboles excesivos y redundantes. No disfrutan dañando a los demás, pero lo harán si amenazan su sentido de control. Para ellos, las sorpresas, incluso agradables, son lo peor que puedes hacerles, porque no están bajo su control.

Pueden ser adictos al trabajo y encuentran errores en cómo hacen su trabajo otras personas. Son "cuadrados" en su forma de pensar y siguen fielmente el proverbio: "Si quieres las cosas bien, hazlas tú mismo."

5 **Vampiros paranoicos**

En términos coloquiales, "paranoico" significa pensar que la gente los persigue. Su objetivo es conocer la verdad y desterrar toda ambigüedad de sus vidas. Viven conforme a reglas concretas y esperan que los demás vivan de acuerdo con ellas. Miran bajo la superficie de las cosas en busca de significados ocultos y realidades profundas.

Si tienes algo que ocultar, el vampiro paranoico lo encontrará. Sobreprotegen a su familia o amigos más allegados y excluyen de su vida a gente por desaires insignificantes. Exigen lealtad total de pensamiento y hechos.

Espero que esta clasificación te ayude a identificar estos comportamientos en ti o en la gente que te rodea. Recuerda que los vampiros emocionales son seres brillantes y carismáticos, por lo que es fundamental protegerse de sus ataques. Cuanto más los conozcas, menos poder tendrán sobre ti cuando exhiban hipnóticamente sus cualidades encantadoras y peligrosas.

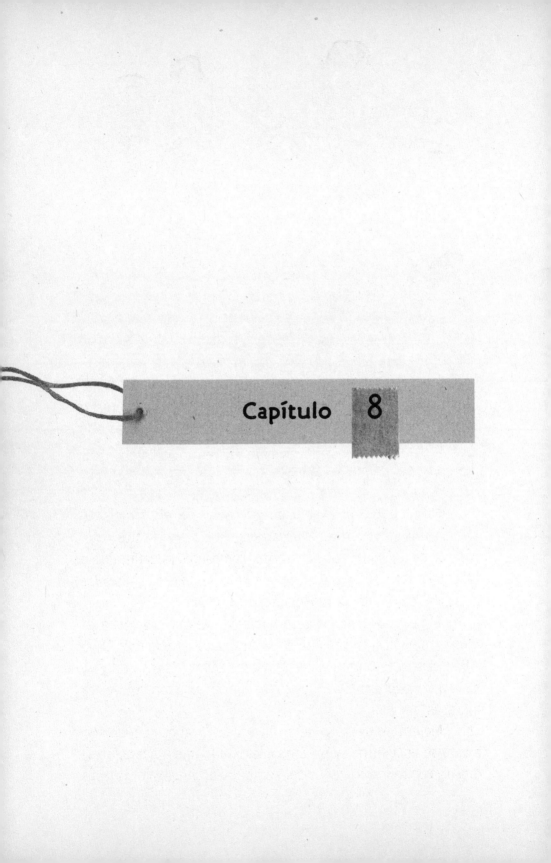

Capítulo 8

DIME CON
QUIÉN ANDAS...

¿Qué tan cierta es la frase: "Dime con quién andas y te diré quién eres"? Yo creo que es muy cierta. El escritor Leo Buscaglia nos recuerda que somos formados principalmente por la gente que nos rodea.

No cabe duda de que recibimos influencias positivas y negativas de la gente con la que a diario convivimos: familiares, compañeros de escuela y trabajo, amigos, compadres y demás. Por lo tanto, el miedo de los padres de familia al ver que las amistades de sus hijos son consideradas nocivas se justifica.

Sin embargo, en ciertas etapas de nuestra vida rechazamos sugerencias por considerarlas infundadas; sobre todo en la adolescencia es común escuchar frases como: "Es mi vida y yo sé lo que hago con ella", o una más fuerte pero común: "No te metas en mi vida."

Me enteré del caso de un joven de 23 años que, debido a esto se encuentra preso. Era considerado hijo modelo, estudioso y con muchos sueños por cumplir. Sus amigos lo convencieron de participar en actividades ilícitas relacionadas con un delito federal. Triste realidad y duras consecuencias por defender a capa y espada la "honorabilidad" de quienes a leguas se notaba que eran malandrines.

Hay ciertas etapas del desarrollo en que el sentido de pertenencia, aceptación y reconocimiento de personas cercanas juega un papel fundamental, incluso necesario, según las necesidades que hace muchos años planteó Abraham Maslow.

El tiempo no puede regresar y la influencia de quienes nos rodean nos marca para bien o para mal; lo que sí podemos hacer es recordar que hay factores que ciegan e impiden poner límites a relaciones nocivas:

1 El poco reconocimiento que recibimos por los pequeños o grandes logros. Esto puede venir arrastrándose desde la infancia.

2 La necesidad de sentirnos aceptados y valorados. Es increíble el efecto que tiene la frase: "Me siento orgulloso de ti." Quienes la escuchan con sinceridad buscan a toda costa ser dignos de confianza y orgullo.

3 Los valores que desde la infancia se transmiten y se hacen propios. Sin lugar a dudas, este factor es fundamental porque el ejemplo siempre será el mejor aliciente. Cuando un niño ve que sus padres pregonan con palabras y acciones lo que promueven, lo aceptan y los imitan.

4 La capacidad para decir "no". Si siempre nos solucionan los problemas por el gran amor que nos tienen, será difícil aprender a decir "no". Eliminar la culpabilidad al decir esta pequeña palabra evitará muchos sinsabores.

5 La falta de tiempo para escuchar a quienes son presas fáciles de los factores anteriores. La incapacidad para escuchar de manera positiva, para elegir entendimiento y evitar sermones, buscar acuerdos y no pleitos.

Si gran parte del tiempo lo compartes con quienes hacen del chisme un estilo de vida, te aseguro que los imitarás e igualarás o, ¿por qué no?, los superarás, si no son fuertes en ti los cinco puntos anteriores.

Sin lugar a dudas, las actitudes más dañinas son la queja continua, la agresividad y lo negativo en nuestras palabras y acciones. Como esos seres que con su presencia bajan la energía del lugar donde se encuentran y con los que debemos convivir por ser parte de nuestra familia o compañeros de trabajo. Lo práctico sería "evitar su presencia", pero tú sabes que no siempre es posible.

Así como los hábitos negativos se pegan como la gripa o la roña, los positivos también. Mi recomendación para quienes viven con personas así es tener en mente que somos luz ante mucha gente que prefiere la oscuridad. Que la luz siempre marca el camino, mientras la oscuridad difícilmente lo hace.

Deseo que tus acciones, palabras y alegría sean tales que quienes te rodean deseen imitarte, igualarte o superarte. Es un buen momento para recordar de qué manera nuestra presencia influye para bien o para mal en la relación que tenemos con los demás.

Continuamente dejamos herencias en la vida. Nuestra actitud ante lo inesperado es observada, analizada y muchas veces imitada por quienes nos admiran en silencio. Es cierto que no somos conscientes del legado que dejamos. Pero la violencia empieza en casa, en lo simple y cotidiano.

Recuerda que el efecto multiplicador de nuestros actos es enorme. Recuerda que es similar a lo que sucede al aventar una piedra en un lago tranquilo. Se multiplican las ondas. Así es la vida. Cuando tenemos una actitud positiva hacia los demás, se forman maravillosas ondas que generan verdaderos milagros.

Pero también sucede lo contrario: una acción negativa creará terribles ondas de efectos nocivos, y lo peor es que pueden regresarse al lugar donde se originaron.

Por eso espero que cuando se pronuncie tu nombre en "dime con quién andas y te diré quién eres...", sea para bien, por el gran legado que dejas en actitud, bienestar y ejemplo a seguir.

¿Auténtico o insoportable?

Siempre habrá quienes justifican sus actos alardeando de autenticidad y amor propio: "¿Les molesta cómo soy? ¡Pues es su problema!" Quizá sea problema de los demás, pero se revierte contra quien lo manifiesta. Cada día aumenta el porcentaje de personas no aceptadas o apreciadas por esta actitud negativa, se convierten en enemigos de la felicidad en la familia o el trabajo.

¡Pero qué necesidad de complicarse la existencia! ¡Qué afán de evitar que la energía positiva fluya y el amor se haga presente!

Recuerdo a una mujer que se quejaba con amargura de su marido. Dentro de todas las situaciones que le hacían difícil la convivencia con él estaban sus infidelidades constantes, su egoísmo y la forma despectiva en que se expresaba de ella ante los demás, en especial frente a sus hijos, haciendo su relación insoportable.

Ella me decía que estaba cansada de la forma en que le hacía ver sus errores ante los demás desde hacía años. Pero al finalizar su cadena de lamentos expresó: "Pero, bueno, es mi marido y así lo quiero."

"¿¿¿En verdad lo quieres???", pregunté asombrado.

"Pues debo quererlo, porque ya son muchos años de casados."

En ese momento analicé la posibilidad de que alguien se expresara así de mí... ¡Qué terrible sería! Porque es muy diferente *quererte a soportarte*. Esta señora *soportaba* a su marido —y sus razones tendría—, pero resulta difícil de creer que una persona pueda amar a alguien así.

Es una historia que se repite constantemente. Hay quienes creen que no queda más que soportar los agravios y la indiferencia. Aceptar una relación donde diálogo, reconciliación y capacidad de llegar a acuerdos pasan a segundo plano.

Existe una gran diferencia entre querer y soportar a la gente. En el mundo existen personas insoportables que se convierten directa o indirectamente en enemigos por carecer de sensibilidad para sobrellevar las relaciones.

¿Cuántos casos conoces de parejas en que el amor pasó a segundo término por la responsabilidad que representa aceptar un compromiso?

¿Cuántos desearían trabajar en otra parte pero, por necesidad o miedo a no conseguir un mejor empleo, soportan malos tratos o agresiones?

Existe una gran diferencia entre el amor que doy al ser querido y las obligaciones y los compromisos que esta entrega representa. La incongruencia más grande es que en muchas ocasiones tratamos muy mal a quienes más amamos y/o más necesitamos.

Se cobra una factura muy elevada al defender la *autenticidad* y al no aceptar que el cambio es urgente en tu vida. Por auténtico esperas que te quieran como eres, con muchos más defectos que cualidades; con demasiadas faltas de cordura y paciencia, incluyendo las de respeto que se acumulan poco a poco en la mente de quienes antes te amaban y ahora te soportan. Y expresas —o deseas convencerte— que eres como eres por *auténtico*, *único*, y ni modo.

¿Cómo que "ni modo"? Qué conducta tan egoísta al reconocer que poco a poco siembras a tu alrededor incertidumbre, malestar y distancia emocional. Seamos auténticos, pero sin olvidar que una de las necesidades más grandes de todos los seres humanos es sentirse valorados, queridos y reconocidos, y que la ausencia de estos ingredientes se traduce en inconformidad y falta de amor en las relaciones.

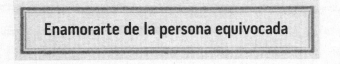

Enamorarte de la persona equivocada

Sientes mariposas en el estómago, ansiedad cuando no estás con "esa" persona, taquicardia al verla y además exageras sus cualidades y minimizas sus defectos. No cabe duda, estás enamorado o enamorada.

Quienes lo hemos vivido sabemos que es un estado de plenitud en que vemos la vida diferente y se incrementan las fuerzas para vivir y soportar adversidades. Los expertos dicen que esas sensaciones son causadas por la secreción de diferentes hormonas y su duración puede ser de tres meses a tres años. Claro, hay excepciones y el tiempo que duran esas sensaciones perdura de modo indefinido.

Sin embargo, el problema más grave surge cuando nos enamoramos de la persona equivocada. En este rubro no quiero incluir a quienes afirman lo anterior después de muchos años de matrimonio armonioso, de respeto y aceptación, pero por diversas razones ahora resulta que se enamoraron de la persona equivocada.

La gente cambia y las hormonas también. Así que no recomiendo confundir un error en la elección con un proceso donde el amor se acaba por ausencia de detalles, respeto y entendimiento.

El amor no es ciego. Nos cegamos cuando queremos o creemos encontrar a la persona deseada y la idealizamos. Y al final resulta que no es ni la mitad de lo que habíamos creído.

Existen dos factores que fundamentan la gran equivocación de amar a quien no deberíamos: el *autoengaño* y la baja autoestima.

¿Por qué *autoengaño*? Creemos ciegamente en determinada persona por la emoción que sentimos y justificamos sus acciones negativas:

- **No me habla con la frecuencia que quisiera, pero sé que en el fondo me quiere... (¡Ajá!)**
- **Tiene muy mal carácter, pero es porque sus padres no la comprenden.**
- **Me grita y me falta al respeto, pero es porque tiene muchos problemas y poca gente lo comprende como yo.**
- **Me maltrata pero es mi culpa, porque no comprendo todo lo que ha vivido.**
- **Me cela demasiado, no me deja convivir con mis amigos ni salir a ninguna parte, pero estoy seguro de que es por el gran amor que nos tenemos. Tiene miedo a perderme. Cosita, bebé, por eso la quiero. (¡Por favor!)**

Frases más, frases menos, pero en el fondo se vive un autoengaño. Y de no abrir los ojos, se pagará un precio tremendo. El colmo es que quienes viven este tipo de desgracia son advertidos por personas allegadas sobre la ceguera que viven y optan por defender a capa y espada su gran amor que nadie comprende.

Una relación donde hay indiferencia, maltratos, palabras hirientes y faltas continuas de respeto, no está basada en el amor. Por ello es fundamental entender y decidir que no es la persona correcta.

El segundo factor es la baja autoestima. Al respecto, escribí una frase que espero algún día sea célebre: "Con hambre, cualquier taco callejero y desabrido nos sabe a gloria. Lo mismo sucede en el amor."

Quien tiene urgencia de ser amado o amada, interpreta cualquier manifestación de afecto como muestra de amor desmedido. Si le sonríe, cree que le está coqueteando. Si un día lo llama y saluda afectuosamente, cree que no puede vivir sin su presencia. Esa urgente necesidad de sentirse una persona importante, valorada y aceptada, le hace creer que hay amor donde no existe.

La autoestima se desarrolla en la niñez y se fortalece en la adolescencia y la juventud. Por eso durante todas mis intervenciones en radio y televisión insisto en la necesidad de expresar el amor y la aceptación a niños y jóvenes. Nada fortalece más a otro ser humano que cuando se le dice sinceramente: "Me siento orgulloso de ti."

Las secuelas de amar a la persona equivocada son desgastantes. Primero, años invertidos en amar a quien no te ama. Luego, sueños desvanecidos al ver que esa persona no cambia. Después, tristeza al hacer el recuento de los daños y, finalmente, caer en un estado de autocompasión que no ayuda.

El resultado: matrimonios frustrados e hijos que pagan los platos rotos por ser testigos de pleitos continuos y reclamos. Las historias tienden a repetirse al crecer en un ambiente de hostilidad.

- **¿Será que les gusta sufrir?**
- **¿Será que falta valorarse?**
- **¿Será que no se tiene tiempo para analizar lo que se vive o siente?**

Por supuesto, existe el culto al sufrimiento y más entre quienes creen que vienen a este mundo a eso; o quienes vivieron o viven con una persona tan negativa y quejumbrosa que contagian su pesimismo a quienes les rodean.

Nos falta valorarnos desde la infancia, además de un cambio urgente de mentalidad que nos recuerde siempre que somos seres únicos, irrepetibles e inmensamente amados por Dios, aun desde antes de nacer.

Afirmo que nos falta tiempo para el análisis y la introspección. Momentos de soledad para meditar en lo que vivimos. Preguntarnos con frecuencia si merecemos lo que vivimos o algo mejor.

Escucha a tu voz interior que difícilmente se equivoca. El amor ciego no permite escoger a quien compartirá la mayor parte de tu vida. Es una decisión crucial de la cual depende en gran medida tu felicidad.

El porcentaje de divorcios está arriba de 50 por ciento en casi todos los países del mundo y la razón es, en gran medida, la mala elección de quien *decides* enamorarte. Estoy seguro de que es una *decisión*, porque no sólo el sentimiento participa en el proceso, también la razón.

Evitemos a toda costa enfocarnos más en la química que en el carácter. La química enciende el fuego, pero el carácter lo mantiene ardiendo. Ten cuidado con el síndrome de "estoy enamorado y no puedo evitarlo". La mejor forma de identificar el carácter de una persona es analizando su humildad para aceptar sus errores y cómo trata a los demás. Observando cómo se relaciona con la gente por la que hace algo, pues así te tratará a ti.

Identifica su responsabilidad en lo simple y en lo complejo porque tu vida se unirá a la de alguien que tiene esa capacidad o no. Y por último, sé consciente de su felicidad, ya que una persona amargada y resentida con la vida tiende a contagiar a quienes la rodean. Si la presencia de sus vicios te incomoda en el presente, ¿qué te hace creer que lo soportarás en el futuro? No compres broncas. No tengas inversiones con números rojos, con gente complicada por ser violenta, irrespetuosa, viciosa y sin la mínima necesidad de ayudarse o recibir ayuda, esas personas son y serán tu peor inversión para el futuro.

No permitas que la vida te sorprenda con personas o circunstancias que no deseas para ti. Haz tu plan de vida y ten claro la clase de gente con la que deseas relacionarte y las consecuencias de hacer caso sólo a la emoción. Incluye la razón en todo lo que decidas y responde las preguntas:

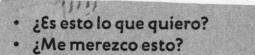

- ¿Es esto lo que quiero?
- ¿Me merezco esto?

> **Si amar fuera fácil, no habría tanta gente amando mal**

Desconozco al autor de esta frase, pero me ha hecho meditar largo tiempo, debido a las numerosas relaciones que terminan cada día. De cada tres matrimonios, uno se divorcia. A esta cifra habría que agregar a quienes viven en el mismo techo peleando constantemente. En las noticias ya no es sorpresa ver los estragos de la violencia familiar y sus graves repercusiones en la sociedad.

Olvidamos que el amor se basa en la *confianza*, en el *compromiso* y en los detalles que hacen que la relación se fortalezca con el tiempo. El común denominador de quienes delinquen es la desintegración familiar: abandono, agresión e indiferencia imperan en ese hogar.

Amar no es fácil porque requiere tiempo, comprensión, tolerancia y, sobre todo, estar dispuesto a escuchar.

Hoy comparto contigo los significados de mi interpretación de amar mal:

1 *Caigo en el error de creer que porque me quieren, deben hacer las cosas como yo digo y, si no es así, no me quieren lo suficiente.*

2 *Las diferencias entre parejas —normales— se convierten en discusiones interminables y pleitos, donde busco ganar a costa de destruir tus argumentos. No promuevo el diálogo, discuto. Tengo una mentalidad "cuadrada", no estoy dispuesto a ceder. Si no me* *salgo con la mía, te castigo con mi silencio, que estoy seguro puede ser más doloroso que mis palabras.*

Y para fortalecer esta postura, en cuanta oportunidad tengo, expreso frases castrantes como: "Yo nunca..." "Yo siempre..." "Jamás permitiría..." "Ya me conoces cómo soy y no puedo cambiar..."

Los absolutos en una relación causan daño porque todos somos seres cambiantes. Nuestra piel y órganos se regeneran a cada momento y nuestra personalidad continúa moldeándose con el tiempo.

3 *Evito hablar de mis problemas aunque se notan desde que me ves. Cuando es mucha tu insistencia por saber qué me pasa, mi respuesta habitual es un cortante: "No me pasa nada." De esta forma destruyo la comunicación que debería ser lo más importante en esos momentos.*

La mente de nuestra pareja puede ir a revoluciones insospechadas y las suposiciones causan más sufrimiento que las verdades.

Entiendo que genéticamente somos diferentes y los hombres tenemos genes de protectores y cazadores. Que nuestra constitución mental está diseñada para ser más prácticos que emotivos. Que la mujer necesita más palabras de afirmación que nosotros, pero todo lo anterior no debería ser un obstáculo para expresar lo que sentimos.

"Ha cambiado tanto..." es un lamento que escucho una y otra vez. Precisamente, la poca expresividad lo fomenta. Por supuesto, somos seres cambiantes, pero es saludable no olvidar que la relación se alimenta principalmente con palabras y sentimientos.

4 *Utilizo verbal o mentalmente frases que justifiquen cualquier falla que tenga en mi relación de pareja. "Tengo derecho a divertirme." "¿Por qué va a ser esto malo? Todo el mundo lo* hace." *"No me entiende y busco la forma de ser comprendido."* (Se olvida que mucha de la incomprensión manifestada obedece a los puntos anteriores.)

5 *No tengo miramientos para juzgar a tu familia por lo mal que hacen las cosas. Despotrico en contra de tu madre, padre y hermanos por actitudes que considero fuera de lugar. Juzgo de modo inflexible a tus amigas o amigos* (incluso no falta quien busque evitar que la relación continúe).

Hablando de la familia, mi madre me dijo en una ocasión: "Elige muy bien con quién quieres compartir tu vida porque es una de las decisiones más importantes (si no es que la más importante) de tu existencia. De esa elección dependerá en gran medida tu felicidad." Claro que nuestra felicidad no puede depender de otra persona, que el mito de la media naranja nos hace creer que estamos incompletos. Por eso yo siempre he dicho que deberíamos ser "naranjas completas" que buscan a otra naranja también completa. Nos casamos con la persona que elegimos pero también con su familia; y si por algún motivo buscamos la lejanía de los seres que ella o él ama, nos lo recordará con dolor acumulado o indiferencia.

Cómo ya apunté, "si amar fuera fácil, no habría tanta gente amando mal", desconozco al autor de esa frase, pero estoy seguro de que fue alguien que, por las caídas y los aprendizajes que el desamor puede dar, entendió que amar es decidir y no sólo sentir. El peor error en una pareja es creer que si no siente lo mismo que hace años, ya no hay amor. Amemos con hechos, palabras y emociones, pues al paso del tiempo seremos juzgados por la calidad y cantidad de amor que dimos. Incluyamos el respeto y el perdón en nuestras relaciones. Recordemos que podremos olvidar lo que nos dicen, pero nunca lo que nos hicieron sentir.

El recuento de los daños

Separaciones pacíficas o violentas están cada vez más cerca o ya las estamos padeciendo.

Antes nos enterábamos de que tal o cual persona sufrió los estragos de una separación por situaciones insuperables. Ahora nos enfrentamos a esta realidad con más frecuencia y cada vez más cerca de nuestro núcleo familiar. Un hermano, primo o íntimo amigo padece las secuelas de alguna de estas situaciones que, de una forma u otra, nos desestabilizan emocionalmente.

El mayor porcentaje de quienes promueven la violencia proviene de un hogar disfuncional, hecho no determinante pero sí ligado.

Enterarnos de la separación o el divorcio de un ser querido siempre es y será motivo de asombro, pues normalmente creemos y deseamos que el matrimonio sea para siempre. Nunca conoceremos a fondo las razones que obligan a uno de los dos o a ambos a tomar esa determinación. Un error terrible es juzgar esas decisiones pues "sólo el que trae el calzado sabe dónde le aprieta".

Terrible error también juzgar duramente por qué un hombre o una mujer perdona algo que tú no perdonarías. Cada caso es diferente, cada pareja tiene su historia y muchas tienen tanto peso que se permiten iniciar la reconciliación.

Hace tiempo escribí esta frase: "El primer paso para amar a una persona es admirarla por algo. Irónicamente, esa misma admiración puede salvar una relación en crisis."

Las razones por las que se busca la separación son muchas y variadas, incluyendo la decepción por infidelidad que quizá se ha incrementado o ahora puede detectarse con facilidad por celulares, computadoras y demás.

Las redes sociales han sido una gran bendición para muchos y una gran decepción para otros, ya que han sido motivo de encuentros, re-encuentros, de la posibilidad de reanudar una relación fracturada y, también, de rupturas.

Aunado a ello, quiero compartir contigo tres indicadores que marcan con claridad cuándo una relación agoniza:

1   Insultos frecuentes. Es el primer paso para que el amor sucumba. Faltas de respeto sutiles que acumulándose derraman el vaso de la paciencia, o faltas de respeto importantes que llevan a soportarte en lugar de quererte.

2   Recriminaciones constantes. "Me molesta que seas así", "no me gusta tu manera de comer", "me choca que digas esas cosas", "no me gusta que te vistas así", "estoy harto de tus escenas". Éstas y otras expresiones se convierten en el pan de cada día y lo peor es expresarlas delante de los hijos a los que decimos amar incondicionalmente y quienes sufren más las secuelas de nuestros desacuerdos.

3   ¡Tú eres quien tiene la culpa! Ambos niegan su responsabilidad. Con frecuencia señalamos las fallas de la pareja, pero no cuestionamos lo más importante: "¿En qué he contribuido para vivir tantas desavenencias?" "¿Qué hice o dejé de hacer para llegar a esta situación tan desagradable?" "¿He sido yo el detonante para que reaccione de esa forma?" Preguntas que no formulamos por orgullo o por ganas de querer ganar siempre.

Se supone que nadie se casa creyendo que su relación terminará algún día. Las ilusiones, los sueños y una existencia compartida "hasta que la muerte nos separe" predominan en quienes deciden unir sus vidas.

Hay dos enemigos de estas uniones: apegos afectivos e idealización de la pareja. Apego a la creencia de que sin esta mujer o este hombre no habrá nunca felicidad. Apego e incapacidad de separarse de la persona que desde el noviazgo dio señales de dañar la relación, pero por miedo a la soledad o dependencia, no se puso un alto, pero también porque se tomaron buenas decisiones que terminaron en una relación dañina.

Duele pero es verdad: evitamos enfrentar nuestros huecos emocionales y nos convencemos de que nuestra pareja cubrirá y curará con su poco amor todas esas heridas que traemos desde la infancia y la adolescencia. Una tremenda necesidad de ser amados, aun con lo poco que nos den, lleva a idealizar a la pareja.

Creemos que estamos con la persona adecuada. Creemos que Dios nos ha traído un gran regalo al encontrarnos con quien tanto amamos y, aunque no nos ama como quisiéramos, nos convencemos de que el tiempo todo lo puede y todo lo cambia.

Esta idealización la acabo de constatar una vez más con una persona allegada. Me dijo: "Felipe toma mucho y tiene un carácter muy fuerte, pero al mismo tiempo un corazón enorme. Sus arranques de ira son porque mucha gente no lo comprende ni le tiene paciencia. Reconozco que hemos tenido algunos *problemillas* (a causa de los cuales la susodicha cayó en depresión casi un mes), pero todo se ha solucionado por el gran amor que nos tenemos."

Después de escuchar esta confesión me pregunto: "¿En qué momento dejamos de conectar cerebro y corazón?" "¿Cómo es posible que idealicemos tanto a quien nos arrastra al pozo de sus conflictos no resueltos?" "¿En qué instante confundimos nuestra gran necesidad de ser amados con la aceptación de migajas de afecto?"

Es difícil contestar cada cuestionamiento, pero entre más leas sobre el arte de amar y ser amado, más conocimientos y estrategias adquieres. Entre más tiempo dediques a tu autoestima, menos permitirás que tu amor propio sea pisoteado.

La mejor estrategia para
quienes tenemos hijos es
recordarles con frecuencia
cuán valiosos y amados son, no
sólo con palabras sino con actos
y ejemplos basados en el amor
y el respeto.

Mujeres inteligentes y astutas

¿Por qué tantas mujeres se quejan de sus parejas y manifiestan su molestia con cara amargada y enojadas con quienes un día decidieron amar? Caras y actitudes de fastidio, hastío e indiferencia frecuentes en miles de matrimonios, donde la costumbre afecta la relación. Creer que tu felicidad es un hombre es el peor espejismo y, sin embargo, es algo muy común.

- **Por fin encontré al hombre de mis sueños, ahora sí voy a ser feliz...**
- **Tú eres mi felicidad.**
- **Nunca me dejes porque sin ti mi vida no tiene sentido... (¡ups!)**

¿En serio tu vida no tiene sentido sin ese hombre junto a ti? Más allá de los problemas que toda mujer tenga en su relación, lo cual puede considerarse hasta cierto punto normal, hay momentos en que es necesario verificar aspectos que pueden interferir en tu armonía, y si no les das la importancia debida, pueden ser causa de tu mal carácter.

1   Verifica tus niveles (me refiero a las hormonas). No creas que sólo quienes llegan a la menopausia tienen alteraciones hormonales. Visita a tu ginecólogo o endocrinólogo y pide un perfil hormonal para descartar cualquier alteración que afecte tu equilibrio emocional. Infinidad de mujeres olvidan este punto tan importante que puede cambiar su estado anímico.

2   Identifica qué o quién te pone de mal humor. No generalices ni supongas sobre circunstancias que no te constan. Analiza los hechos con el corazón, pero también con la mente.

3   Enfrenta la situación. No la evadas con respuestas como "no tengo nada", "es que estoy cansada". Gran parte del cansancio puede ser por frustraciones y decepciones que en verdad pueden cansar alma y cuerpo.

4   Programa una cita de recuperación. Un momento previamente estipulado donde de forma positiva busques mejorar. Esa cita puede ser no sólo con tu pareja, sino con las personas involucradas en tu malestar. Niñas, no olviden que a muchos hombres nos irrita o nos estresa que nos digan: "Tenemos que hablar." Mejor utiliza la estrategia de una rica cena con sus bebidas favoritas, y cuando te pregunten el porqué de eso, sólo contesta que hace mucho que no lo haces y te dio la gana. ¡Punto! Durante la cena habla sin pelear de lo que creas conveniente.

Evita suponer o imaginar lo que va a suceder, a menos que poseas el don de adivinación. En caso de que no estés plenamente convencida de que eres adivina y pronosticas el futuro de manera efectiva, mejor evita suposiciones y piensa en lo que deseas que ocurra.

Lo ideal es iniciar expresando todo lo que te agrada de él, no hay hombre que se resista al reconocimiento. Si es necesario, agrega todo lo que hizo que te enamoraras de él. Y luego entra en materia, utilizando la regla que aprendí hace muchos años y compartí en otro de mis libros: La regla "más, menos, más." Te digo algo positivo, después lo que no me agrada y termino con algo positivo. Yo la llamo "técnica de la inyección". ¿Qué se hace antes de inyectar a alguien? Se limpia la zona, después aplicas la inyección y luego se pone un algodón en el sitio o se soba suavemente.

Una reunión de recuperación incluye sinceridad para decir lo que sientes, con una dosis enorme de prudencia para cuidar las palabras y cómo te expresas, todo aderezado con disposición para escuchar con humildad lo que la otra persona exprese. No olvides un toque de empatía, ponte en los zapatos de quien tanto quieres e intenta entender sus razones y no sólo las tuyas.

5   Nunca olvides que el objetivo es llegar a acuerdos, no a pelear. Si el diálogo se convierte en discusión, toma las riendas y recuerda a la otra persona que el objetivo no es discutir. Que lo que tú buscas es llegar a acuerdos por el bien de ambos. Es muy saludable tener en mente, como ya dije, que en cualquier discusión siempre hay tres verdades: tu verdad, mi verdad y la verdad. Llegar a esta última es tu mejor meta.

Hombres, lo que más molesta a una mujer es no sentirse amada y valorada. No darle un lugar importante en el corazón.

Mujeres, no olviden que lo que más agrada a un hombre es sentirse reconocido y admirado. Agregar frases que inicien con esos testimonios ayudará a conseguir acuerdos.

- **Si algo admiro en ti es...**
- **Nunca dudes que te amo y valoro inmensamente el tiempo que llevamos juntos...**

Después, agrega lo que necesites aclarar. Por supuesto no es lo mismo decir, *te amo pero...* a terminar una frase con... *pero te amo.*

Durante años hemos escuchado que las mujeres son el sexo débil y, sin embargo, quienes utilizamos la objetividad y las evidencias en nuestras vidas sabemos que es todo lo contrario. Que ellas pueden fingir que lo son como estrategia, por esa necesidad inherente que tenemos los hombres de hacer sentir a la mujer que somos quienes las protegemos, las guiamos; pero tú y yo sabemos que muchas veces no es así. Creemos —o queremos— tener la última palabra en cualquier discusión: "Como tú digas mi amor..."

Mi admiración hacia las mujeres se ha acrecentado con el tiempo. Y no sólo por haber admirado tanto la fortaleza y templanza de mi madre, sino también por ser un hombre felizmente casado con una mujer inteligente y prudente, por la dicha de tener una maravillosa hija que ha sido una maestra de vida (sin olvidarme de reconocer a mi hijo), y tres hermanas que adoro y admiro, como a mis tres hermanos.

Mi admiración ha crecido por trabajar mucho tiempo con mujeres que "se la parten" por llevar sustento a sus hogares, además de ser su pilar.

Sin lugar a dudas, la astucia de las mujeres es enorme. La fortaleza que sacan de la nada es indescriptible. Tienen una gran capacidad para sobrellevar su gran responsabilidad por el solo hecho de ser mujeres.

Para mí, las mujeres astutas e inteligentes son:

1 Quienes saben analizar a fondo las situaciones. Utilizan esa capacidad divina que Dios les otorgó llamada "intuición" y aunque los hombres lo queramos negar, la tienen más desarrollada que nosotros. Su intuición las guía, las ubica y las ayuda a desenmascarar las dudas que se presentan en su camino y les dice claramente que por ahí no es, si bien muchas sucumben ante la necesidad de sentirse amadas y valoradas, cayendo en la trampa de frases como: "Sé que en el fondo es bueno y lo voy a cambiar..." "Si no expresa el amor que siente por mí, con el paso del tiempo lo hará." "Si es agresivo es por el pasado tormentoso que tuvo, pero mi amor curará sus heridas y se le quitará." Y, tristemente, su desencanto llega con el paso del tiempo al constatar que mucha gente no cambia.

2 Aquellas que saben su verdadera valía y procuran no dar su amor a quien no lo merece. Conocen el valor tan grande que representa su *dignidad y autoestima*; por lo tanto, se reservan el derecho de admisión ante quienes buscan su amor. Su inteligencia se manifiesta al conectar su corazón con el cerebro y quitan de su camino a quienes no valen la pena o no merecen su amor.

3 Las que se preparan, leen, se documentan y aprenden de las lecciones que la vida les da, procurando no repetir errores. Su preparación las lleva a cierta autosuficiencia profesional, personal, para no caer en la dependencia que tanto daño causa a quienes no pueden valerse por sí mismas; en consecuencia, su seguridad aumenta sin que disminuya el amor a su pareja y la capacidad de hacerlo sentir importante y valioso. Su misma preparación las hace prudentes, saben el momento y el lugar para tratar las situaciones importantes y trascendentes.

4 Quienes identifican los mensajes que ellas mismas envían de modo voluntario o involuntario para atraer a sus vidas a gente que no las merece. Hacen un alto y evitan juzgar si la vida las trata mal, analizan a fondo la situación, su pasado, su infancia, mediante acciones certeras para atraer a quien de verdad las merece.

5 Aquellas que saben que el buen humor y la risa son ingredientes fundamentales que engalanan su belleza. Saben reír y disfrutar el momento, sin engancharse en el pasado ni obsesionarse con el futuro. Su presencia ilumina el lugar en que están y hacen de su vida y conversación toda una experiencia, lo que las convierte en seres inolvidables.

La belleza de la mujer no la constituye sólo su físico, que cambia con el paso del tiempo y muchas veces para bien, sino la actitud que transmite, la capacidad que tiene de hacer sentir importantes a quienes trata y la fortaleza que manifiesta una y otra vez para mostrar la *casta* ante la adversidad.

¿Cuántos casos conoces de mujeres que sacan adelante a sus hijos? ¿O más aún, de mujeres acompañadas por alguien que no colabora, ayuda, ni aporta, y sacan adelante a sus hijos?

Bendita capacidad para verse lo mejor posible por ellas mismas y además para la gente que aman. Lo que reconozco más es su fortaleza en momentos críticos, convirtiéndose en seres dignos de admiración.

Niñas, cuando alguien les diga: "¡Te crees mucho!" Tú contesta: "No es que me crea mucho; lo que pasa es que tú te sientes menos."

En el lugar correcto por la razón equivocada

Como médico siempre creí que el corazón sólo dolía cuando existía un problema físico por falta de irrigación sanguínea, debida a angina de pecho o infarto. Sin embargo, cambié de opinión y aprendí que el corazón duele de otra manera.

Cuando dejé a mi hijito en su nueva escuela en Estados Unidos, descubrí que el corazón duele mucho cuando nuestros seres queridos se van temporal o definitivamente. Todavía me pregunto si estudiar en ese país fue buena o mala decisión de él, pero siendo honesto los aprendizajes de vida que ha tenido son muchísimos ya que ahora valora más que nunca a su familia. Y los aprendizajes que como padres tenemos son mayores. Está en el lugar correcto y no sé si por razones equivocadas.

Igualmente, duele el corazón cuando sufrimos por la muerte de un familiar. En estas circunstancias es saludable recordar que cuando nos enfrentamos a una pérdida de cualquier índole, pasamos por las cinco etapas de duelo, como las menciona Elizabeth Kübler Ross: **la negación**, cuando no queremos ver la realidad ni aceptar las cosas como son. Nos negamos a aceptar lo irremediable. Infinidad de personas permanecen en esta primera etapa y no avanzan. La segunda es **la ira**, en la cual nos enojamos con nosotros mismos y con quienes hayan participado directa o indirectamente en la pérdida. Ira por no controlar nuestras emociones. La ira es como un veneno que daña más al recipiente en que se guarda, que en el que se vierte. La tercera etapa es **la negociación**, en la que aceptamos y valoramos lo que tenemos y cuáles son nuestras fortalezas para sobrellevar la pérdida. Mental o verbalmente hacemos un balance del aprendizaje que nos dejó la pérdida, de lo que haremos en el momento, a quién tenemos y quién necesita de nosotros. La penúltima etapa es **la tristeza**, que se sentirá más por la costumbre de ver a quien ya no está. Y la última es **la aceptación**, etapa a la cual todos queremos llegar para superar el dolor y seguir nuestro camino.

Nunca encontraremos las razones de muchas experiencias en la vida, pero para quienes tenemos fe, al paso del tiempo entendemos que todo es para algo o por algo. Que de toda experiencia dolorosa se aprende y somos quienes somos por lo bueno y lo adverso que hemos vivido.

Me costó trabajo descubrirlo, pero ahora lo comparto con mucha seguridad. Nadie quiere sufrir pérdidas aunque sea parte de nuestra vida.

Recuerdo cuando deseaba mucho un trabajo en una televisora. Luché incansablemente para obtener la conducción de un programa que, según yo, era la oportunidad de mi vida. Sin embargo, no se me dio y por supuesto mi mente trataba de convencerme una y otra vez de que la oportunidad de mi vida se había esfumado, que la vida es injusta y las palancas mueven al mundo y destruyen el talento. Viví todas y cada una de las etapas del duelo que describí antes y, sin embargo, las cosas cambiaron en la etapa de aceptación.

Gracias a que no se me dio ese trabajo, que creí mi gran oportunidad, tuve la gran fortuna de dedicarme a lo que hoy hago. De participar no sólo en otro canal de televisión nacional, sino en la radio y en la prensa.

¿Cuántas veces te habrá ocurrido lo mismo? ¿Cuántos casos conoces de hombres y mujeres que maldicen por no conservar el amor de cierta persona y luego descubren que fue lo mejor que pudo ocurrirles?

Estar en el lugar correcto por las razones equivocadas es entender que para llegar a cierto lugar tendremos fallas, equivocaciones y dolores. Que muchas veces las razones no eran las visualizadas, pero gracias a ellas estamos donde estamos. Hay un proverbio chino que dice: "Para beber un buen vino en una copa llena de té, primero hay que tirar el té y luego servir el buen vino."

La interpretación puede ser muy variada pero, entre todas, prefiero la imperiosa necesidad de dejar fluir dejar volar, para ser. Para disfrutar el presente, dejemos fluir el pasado y los recuerdos que nos hacen sentir mal. Para tener salud, hay que eliminar hábitos que nos impiden llegar a ese estado, ya que como afirma otro dicho: "Lo más rico de la vida engorda o es pecado."

Hace unos años, una amiga de mi esposa quiso platicar conmigo sobre una situación que la afectaba. Felizmente casada desde veintidós años atrás, madre de cuatro maravillosos niños, en forma abrupta se enteró de la infidelidad de su esposo. Nunca esperó enfrentarse a ese hecho. ¿Cómo darle palabras de esperanza a alguien que vive un impacto semejante? Para ese caso, utilicé la técnica que una gran maestra me enseñó: "César, a veces no son necesarias las palabras para reconfortar a quien sufre. Sólo la presencia y un par de oídos dispuestos a escuchar y comprender." Eso hice. Y después de escucharla con mucha empatía, le dije: "Siempre he creído que cuando las cosas se salen de nuestro control y surgen adversidades, es bueno recordar que todo tiende a acomodarse para nuestro bien. Deja que pasen unos días antes de tomar decisiones drásticas y que tu intuición o voz interior te guíe para definir el rumbo a seguir." Pasaron los días y ella decidió divorciarse en contra de muchas opiniones de gente conocida. La relación con su esposo terminó después de acuerdos civilizados y sin reproches.

Hace unos días tuve una plática con ella. Se mostró como una mujer muy diferente a la que conocí después de la pérdida. Había descubierto muchas fortalezas dormidas. Actualmente trabaja en la Ciudad de México como organizadora de bodas y es una profesional cotizada, solicitada y exitosa, además de excelente madre.

Ella me dijo la frase que utilicé como título de este apartado: "En ocasiones, la vida te pone en el lugar correcto por las razones equivocadas." Y agregó: "Por supuesto que no fue fácil sobrellevar esa pérdida, ya que el amor que le tenía era mucho, pero él decidió rehacer su vida con alguien de menor edad y con mejor cuerpo. Pero bueno, la vida sigue y no me puedo dar por vencida."

El lugar correcto por las razones equivocadas es algo que tendré presente. No siempre sucederá todo como yo deseo o planeo, pero no perderé la fe en que todo es para bien y tarde o temprano estaré en el lugar correcto.

Algunos negocios terminan pero otros empiezan. Etapas o ciclos se cierran pero se abren otros y no podemos dejar que las circunstancias en contra hagan eco en nuestras emociones y nos impidan ser felices.

No es fácil entenderlo y mucho menos aceptar que para lograr lo que deseamos debemos vivir errores, fallas y sinsabores. Es bueno recordar lo que un día me compartió en un programa de radio Facundo Cabral: "De la cuna a la tumba, es una escuela y a eso que llamamos problemas, no lo son. Son lecciones."

El terrible error de idealizar

"Es bueno, pero no sabe tratar a la gente."
"No entiendo cómo hizo esto..."
"Jamás lo creí capaz de cometer tan tremendo error..."
"Mi hijo tiene que ser el primer lugar..."
"Mi esposa me ama y me lo demostrará siempre..."

La costumbre de idealizar a las personas ocasiona mucho dolor y estrés. Por desgracia, es algo que se aprende desde temprana edad y no precisamente como una técnica para mejorar.

Idealizamos a profesores, creyendo que deben saberlo todo y aguantar a niños insolentes y maleducados, reflejo de lo que viven en sus casas; lo peor del caso es que muchos padres de familia caemos en la falsa idea de que es responsabilidad de ellos que sean niños de bien con valores sólidos y principios morales, cuando sabemos que eso se aprende en casa y se refuerza en la escuela.

Idealizamos a nuestros padres, como seres incapaces de decir o hacer algo en contra nuestra, los comparamos con los "padres perfectos" que creemos tienen otras personas; olvidamos que conforme pasan los años sus capacidades y necesidades no son ni serán las mismas.

Nos llevamos tremendas decepciones al constatar que la gente no es como imaginamos y un mínimo error lo etiquetamos como traición.

Idealizamos a nuestra pareja antes de conocerla. Tenemos en mente cómo nos gustaría que fuera, qué gustos afines tendremos, cómo será su físico (sin tomar en cuenta que cambia en unos años), qué tipo de valores y principios quiero que tenga o no tenga, cómo me gustaría que me tratara y qué detalles son fundamentales en ella o en él para que la relación siga en pie.

Idealizar y buscar a la persona perfecta me recuerda un cuento sufí que habla de dos amigos que se encuentran después de muchos años de no haberse visto e intentan ponerse al tanto de sus vidas en unos minutos. Uno está casado y el otro soltero. El casado le pregunta al soltero sobre su vida amorosa y el soltero le platica que hace unos meses conoció a la mujer perfecta:

"Tenía una cara preciosa", le dijo. "Una figura envidiable, increíble."

"Entonces, ¿por qué no te casaste con ella?", le preguntó el amigo.

"Bueno —explicó el soltero—, es que no era muy inteligente. Pero unas semanas después encontré a otra mujer perfecta. Tan bonita como la primera, pero ésta además sí era inteligente."

"¿Y por qué no te casaste con ella?", volvió a preguntar el amigo.

"Pues, la verdad, tenía una voz muy chillona."

El amigo casado se quedó pensando y antes de que pudiera abrir la boca, el amigo soltero continuó:

"Pero, finalmente, justo la semana pasada encontré a la mujer perfecta de verdad. Es bonita, inteligente y con una voz suave y relajante."

"¿Entonces, cuándo es la boda?", preguntó curioso el amigo casado.

"No habrá boda", explicó el soltero. "Resulta que ella también busca al hombre perfecto..."

Tremendo cuento y qué forma tan práctica de recordarnos que somos imperfectos y así debemos aceptarnos sin caer en la mediocridad. Esta imperfección nos tiende dos trampas que impiden la felicidad:

1 Buscar siempre hacer las cosas sin error

Enojarnos con nosotros mismos porque no somos como los demás quieren que seamos. Por lo tanto, no escatimamos esfuerzo al buscar a toda costa ser aceptados y evitar la crítica. Buscamos ser perfectos y, al no lograrlo, sufrimos.

¡Es imposible agradarle a todo mundo! Imposible ser siempre la persona que no se equivoca y nunca comete errores. La imperfección es parte de nuestra vida y nuestro cuerpo, nuestras actitudes no siempre serán correctas. Aceptar esas limitaciones sin caer en la mediocridad es lo ideal. No somos buenos para todo. No tengo por qué poseer la destreza de los

demás o la agilidad mental que otros tienen. Busco mi superación y procuro no culparme por lo que no logré o por no ser
quien los demás desean. Pongo mi esfuerzo en hacer bien las
cosas, en ser sociable, adaptable, en una persona que mejora
cada día más su capacidad de amar y comprender; pero en el
fondo de mi corazón sé que no podré agradar a todo mundo.
Aceptarnos y amarnos como somos es un importante ejercicio para aumentar la autoestima, así como analizar nuestras
fallas, procurar cambiar en lo posible sin dañar nuestro amor
propio con críticas que desmotivan y debilitan.

2 Buscar la perfección en la gente que nos rodea

Tremendo sufrimiento es querer que la gente sea como deseamos que sea. "Es muy guapa, pero demasiado sensible", "es sumamente capaz para el puesto, pero batalla para adaptarse",
"logra lo que se propone, pero es muy aprensivo". Cuando aceptamos que la perfección sólo está en Dios, nos adaptamos más
fácilmente a la gente.

Hace unos meses conocí a un hombre que se quejaba
amargamente de lo descuidada que era su esposa con su físico.

"Ha cambiado mucho. Cuando nos casamos tenía diferentes medidas a las que ahora tiene. Hacía ejercicio, cuidaba
su cabello, uñas, piel... ahora esto ha pasado a segundo o tercer plano. ¡Ah!, pero eso sí, es una excelente madre de nuestros
cinco hijos (¡cinco hijos!). Llega de trabajar y lo primero que
hace es verificar las tareas y estar al pendiente de lo que ellos
y yo necesitamos."

¡Tantas cualidades y nos enfocamos en los defectos!

Sin afán de justificar la dejadez evidente de la señora, me
cuestioné: "¿Cuántas veces he criticado situaciones similares
en quienes hacen su mejor esfuerzo?" "¿Cuántas veces busco

sólo los errores, critico las fallas y no reparo en los aciertos de las personas que trato y amo?"

No hay personas perfectas. Todos tenemos un lado claro y otro oscuro. Tenemos momentos buenos y malos, actitudes positivas y negativas. Somos imperfectos por naturaleza y buscamos parejas perfectas. Queremos que nuestros niños tengan mentalidad de adultos ante ciertas situaciones. Nos enojamos porque la gente no nos responde con la rapidez que queremos.

Te pido que analices lo anterior y evites el sufrimiento, recordando que eres imperfecto, como todos. Siempre pon tu mejor esfuerzo en todo lo que hagas. Procura amar y perdonar a quienes por la misma imperfección cometen fallas, pues tarde o temprano las cometeremos iguales o peores.

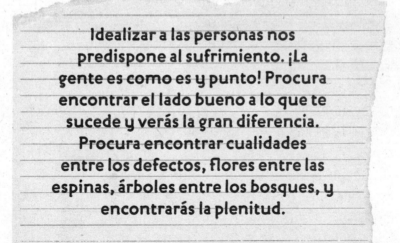

Idealizar a las personas nos predispone al sufrimiento. ¡La gente es como es y punto! Procura encontrar el lado bueno a lo que te sucede y verás la gran diferencia. Procura encontrar cualidades entre los defectos, flores entre las espinas, árboles entre los bosques, y encontrarás la plenitud.

Recuerda las ocacsiones o las cosas que te hagan sentir bien y evita los pensamientos que te hagan sentir culpable. La vida se acaba demasiado pronto como para enfocarte en lo que no eres, no tienes o no puedes.

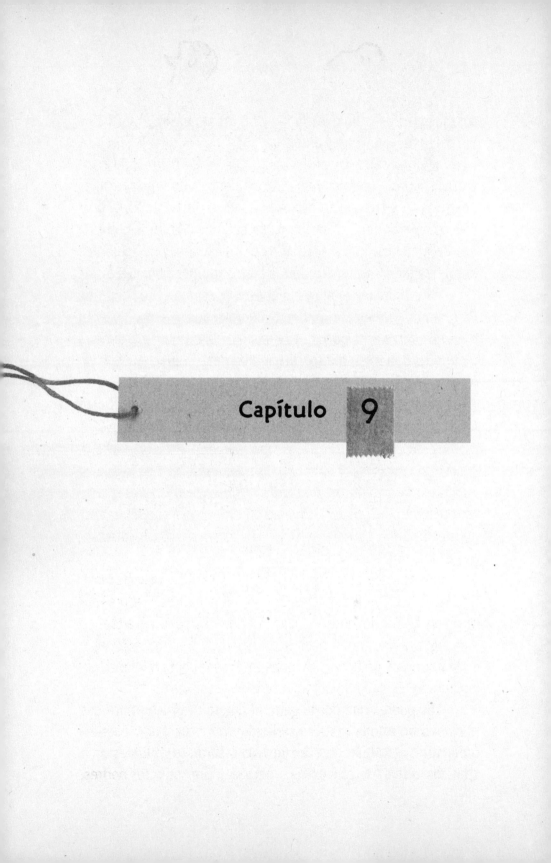

Capítulo 9

¡MIS PADRES NO ME QUIEREN!

Agradezco a quien un día me dio uno de los mejores consejos que he escuchado: "A las mujeres no hay que entenderlas, hay que quererlas." Bueno, con sus "asegunes" porque hay cada mujer gallona y calzonuda que resulta misión imposible quererla. Esta recomendación me ayuda a sobrellevar las diferencias en mi matrimonio. Cuando la mujer se siente amada, valorada y respetada, nos comprende más.

Bueno, pues este mismo principio se aplica perfectamente a los hijos que juzgan sin piedad a sus padres. Padres que también fueron jóvenes y gozaron de la vitalidad de aquellos días y ahora sienten el paso del tiempo en sus limitaciones y en la aparición de achaques, pues se encuentran en la edad de los nunca: "Es que nunca había sentido esto..."

Los padres que por lo general quieren lo mejor para sus hijos buscan a toda costa evitarles sufrimientos. Padres sobre-protectores o indiferentes, expresivos o sumisos, entusiastas o apáticos, trabajadores o pasivos, pero siempre serán tus padres.

La cita bíblica: "Honrarás a tu padre y a tu madre" es más un mandato que una sugerencia. Y mira que hay quienes tienen motivos suficientes para criticar a los que les dieron la vida, y aun así optan por mantener la armonía y el balance mediante el perdón.

Escucho con frecuencia las quejas de hijos que piensan que sus padres son seres inconscientes e insensibles, por una u otra razón:

- *Nunca me han querido.*
- *No les importo.*
- *He sido un estorbo.*
- *No soy lo que ellos quieren que sea.*
- *Quieren mucho más a mi hermano. (Esta frase es típica. Hasta llegué a pensar que yo era adoptado y buscaba el acta de nacimiento en algún orfanato, de Hollywood, por supuesto, ¡hay niveles!)*
- *Me quitan el dinero que gano con tanto esfuerzo.*
- *Me chantajean.*
- *Son anticuados.*
- *No me entienden.*

Y muchas otras frases más...

Razones más, razones menos, y si nos proponemos buscar por qué no fueron lo perfectos que quisiéramos, lo encontraríamos.

Qué forma tan errónea y desgastante de dejar de vivir el presente. Por eso recomiendo estas estrategias que se aplican a diferentes conflictos entre hijos y padres, no para justificarlos, sino para entenderlos:

1   La vida no es justa

No, no lo es y punto. Siempre habrá injusticias y es parte de la vida.

2   Los padres no son perfectos

No, no lo son. Son humanos e imperfectos con creencias muy arraigadas que los hacen actuar como lo hacen. Generalmente, nos educan como creen o creyeron que era lo correcto o porque así fueron tratados.

3   Nuestros padres no tuvieron acceso a la gran cantidad de información que hay en la actualidad

La mayoría no tomó cursos de programación neurolingüística, ni leyó tantos libros sobre cómo ser buen padre o madre, ni son *masters* en relaciones humanas o en manejo de conflictos. Muchos jamás estuvieron en una escuela de padres ni tuvieron acceso a la gran diversidad de libros de autoayuda, como el que estás leyendo.

4   Juzgar con frecuencia a tus padres te convierte en una eterna víctima de tus circunstancias

Una eterna víctima que justificará sus fracasos por la falta de consideración o cariño que tuvo en su infancia o juventud.

El tema del victimismo viene en este libro, puede servirte leerlo de nuevo en este momento.

Por ningún motivo quiero justificar actitudes hirientes y denigrantes de muchos padres o madres que no debieron haber actuado así nunca. Personas sin escrúpulos que por casualidad, accidente, coincidencia, chantaje y demás se convierten en padres de quienes no tienen la culpa de haber venido a este mundo con tanta carencia afectiva.

Me duele conocer casos de niños que sufrieron violencia física, mental, psicológica o sexual por parte de quienes debieron darles amor, seguridad, fortaleza y blindar su corazón contra tantas adversidades en sus vidas. Ser los guías que los ayuden a encontrar el camino correcto, misión que deberíamos de llevar todos los padres dignamente. Los niños aprenden más de lo que ven que de lo que se les dice. Lo sabemos todos, pero no todos lo consideramos.

Los niños son esponjas que absorben actitudes, palabras y hasta estilos de vida de sus progenitores. Herencias benditas o malditas que adquieren por el hecho de ser copartícipes en la vida de sus padres.

Bendita conciencia la que muchos de estos niños adquieren al tomar la decisión de no seguir los mismos pasos de quienes les dieron la vida pues no son modelos a seguir. A estos hijos los identificas cuando escuchas frases como éstas:

> • **Me duelen algunas cosas que viví en mi infancia, pero aprendí cómo o de qué forma no deseo ser nunca.**
> • **Por supuesto que mi padre para nada fue bueno. Sé que tuvo un pasado difícil y una historia familiar de mucho dolor. Mejor no lo juzgo y sigo mi camino.**
> • **En mi infancia sufrí mucho, pero creo que eso me hizo luchar en la vida y ser quien ahora soy.**
> • **Me duele todo lo que vi cuando era niño. Recordar esas escenas me hace regresar a un pasado lleno de ira en contra de quien me dio la vida. Pero el pasado quedó atrás y ahora construyo mi presente de forma muy diferente a como viví.**

Muchas secuelas que dejan padres desobligados, agresivos, violentos o indiferentes, tardan años en sanar y requieren terapia especializada. Pero en su gran mayoría, los jóvenes o adultos empiezan su proceso de sanación sin ayuda de nadie, martirizándose con los recuerdos que llegan a sus mentes, pero que al paso del tiempo pueden sanarse si lo deciden y se rodean de un ambiente favorable.

Nuevamente recuerdo la última entrevista que le hice a Facundo Cabral, cantautor argentino que promovió la paz durante la mayor parte de su vida mediante su canto y, contradictoriamente, murió siendo víctima de la violencia en el mundo.

Esa entrevista, que puedes encontrar en mi sitio web, sinceramente me conmovió. Su padre abandonó a su madre y se fue con otra mujer cuando él estaba a punto de nacer. Su madre tenía que lavar y planchar ropa ajena para llevar el sustento a tantos hijos, entre los que se encontraba Facundo. Él, su madre y sus hermanos vivieron en extrema pobreza. En su niñez se convirtió en alcohólico y drogadicto. En dicha entrevista me comentó que un día su madre le dijo: "Algún día, estoy segura, tu padre te buscará y pedirá perdón por habernos abandonado. Facundo, quiero que cuando eso suceda no lo juzgues porque ese hombre que verás ahí es el hombre que más amé, más amo y más amaré hasta que me muera." Como profecía, se cumplió esa escena que su madre le había predicho. Y cuando su padre se presentó ante él, se dieron un fuerte abrazo. Algo difícil de entender y asimilar cuando se vive algo similar y se experimenta tanto sufrimiento, fruto de la decisión de quien no tiene escrúpulos ni la mínima consideración o responsabilidad por sus actos.

Es difícil perdonar cuando se ha sufrido mucho, pero el perdón siempre sana y fortalece. No confundamos el perdón con seguir juntos como si nada hubiera ocurrido. Hay circunstancias que ameritan poner tiempo y distancia de por medio, que nos piden ya no continuar con una relación dañina y nefasta. Pero no por eso me privo de otorgar un perdón que será la mejor estrategia para sobrellevar el dolor y tomar las mejores decisiones en el futuro, basadas en el amor y no en el rencor.

Por otra parte, es imposible obligar a nadie a otorgar un perdón que no siente o no le nace. Un perdón sólo de palabra, pero sin sentirlo, única y exclusivamente para no estar en pecado. Hay faltas y heridas grandísimas que tardan muchos años en sanar y no podemos ni debemos ser jueces que exijan "por tu bien" perdonar: secuestros, violaciones, asesinato de familiares y otras calamidades más que ocasionan un gran dolor y heridas difíciles de sanar.

Con terapia y oración pueden ocurrir milagros, pero sin olvidar que es un proceso personal. Además de la gran ofensa recibida, ¿debo cargar con el juicio de los demás por no haber perdonado?

Haber tenido carencias siempre será un motivo suficiente para valorar lo que se tiene. Para luchar con fuerza y logar objetivos. Para dar lo que no recibiste. La historia está plagada de personajes que tuvieron infancias difíciles y lograron trascender.

Nada promueve más la armonía en un hogar que recordar que en cualquier discusión siempre hay tres verdades: tu verdad, mi verdad y la verdad. Es importante tener una mente abierta al diálogo para llegar a acuerdos, no para buscar culpables.

Si tus padres no tienen paciencia, palabras, ni actitudes relacionadas con la cordura, tenlas tú. Que tu ejemplo sea la pauta en la dinámica de la relación que deseas. Busca la armonía y concordia donde estés.

Me voy de la casa

Seis años de edad y en un arranque de ira grité a todo pulmón a mi madre y a mi padre: "¡Me largo de esta casa! ¡Aquí no me quieren!", amenaza que expresaba con frecuencia pero nunca cumplía.

Mi papá, acostumbrado a esa rabieta, me decía con toda la tranquilidad del mundo.

"Ok, vete. Pero cierras la puerta."

"¿Qué? ¡Lo sabía! ¡Nunca me han querido!", expresé con más seguridad que nunca. Y muy decidido, me fui rumbo a la puerta con lo que traía puesto.

Mi madre rompió en llanto, suplicándole a mi padre que me detuviera. Y él no hizo el mínimo esfuerzo. Siguió viendo la televisión como si nada.

Tras el típico portazo —no por enojo sino para que me fueran a detener—, sin más me fui... pero al parque que estaba frente a mi casa, porque la verdad me daba miedo irme más lejos.

Me escondí atrás de un arbusto desde donde podía ver el exterior de mi casa y observar lo que sucedía. Esperaba que me buscaran desesperados por haber tomado —ahora sí— la decisión de irme.

Pasaron las horas y nada. Se hizo de noche y yo seguía escondido tras el arbusto. Llegaron los mosquitos y no me dejaron en paz; el hambre no se hizo esperar; oía ruidos extraños en el parque; amenazaba la lluvia y yo ahí escondido, esperando que salieran a buscarme desesperados, pero nada...

Como a las nueve de la noche, decidí asomarme a la casa para ver si estaban sumidos en el llanto y la desesperación ante la *desgarradora* decisión de irme de casa por no haberme comprado algo que deseaba.

Escuché los ruidos normales, la televisión encendida, a mis hermanas jugando con sus muñecas. Mi mamá hacía la cena, todo seguía como si nada.

Cuando me asomé por una ventana, mi mamá me dijo muy segura: "Bueno, ya pasó, ya vente a cenar."

Y ahí me tienes, cenando con un hambre tremenda y platicando como si nada hubiera ocurrido. Claro, no me convenía que se recodara mi pésima decisión.

Por supuesto, lo anterior es algo común en niños y los adultos saben de antemano que esos corajes y amenazas rara vez llegan a cumplirse porque de inmediato analizan la realidad y saben lo que se pierde.

Pero hay adolescentes o jóvenes que inmersos en una decisión precitada y con el afán de vivir su vida sin reglas, restricciones o limitaciones, toman decisiones basadas más en la ira que en su beneficio. Decisiones basadas en el rencor por no obtener lo que desean y se van con la bandera del enojo y el resentimiento.

Quienes se van del hogar no deben dar el paso sin meditar a fondo, deben evitar a toda costa una estela de dolor con su partida. Recuerda que las acciones se nos regresan multiplicadas y es mejor decidir sin herir.

Acepto que en la cultura de mi país no es muy típico que el joven se vaya del hogar a edad temprana, como en otros países donde los padres exhortan a sus hijos a irse desde los 18 o 20 años.

También existe la contraparte, hijos que se convierten en dolor de cabeza para sus padres, por conservar los beneficios de un hogar donde todo tienen y todo les dan, sin la responsabilidad de convertirse en seres productivos que aporten beneficios económicos al hogar donde viven.

Ninis, que *ni* trabajan *ni* estudian, que como viles rémoras se benefician de sus padres que siguen esforzándose de buena o mala gana para que no les falte nada. O también profesionistas que viven en casa de sus padres y ganan dinero suficiente para irse, pero no lo hacen ni tampoco aportan para su manutención. Lo gastan sólo en ellos y exigen que sus padres les den techo y comida porque "para eso son sus padres".

Todo extremo tiene sus riesgos, pero si como padres inculcamos desde temprana edad el amor al trabajo, la ambición con control, el conocer el sacrificio que representa tener y promover que sus vidas tengan sentido a través de objetivos claros y precisos, siempre será un buen comienzo.

Razones hay —y muchas— por las cuales los adolescentes o jóvenes optan por buscar una vida diferente a la tradicional: estudias, trabajas, te casas y te vas. Deciden irse, situación que puede estar justificada, como en las que describo a continuación:

1 Cuando eres mayor de edad, tienes recursos suficientes para hacer tu vida fuera del hogar paterno, y por gusto deseas tener la experiencia de vivir solo, sin necesidad de hacer de esta decisión un conflicto, y lo haces a través de la negociación y los acuerdos.

2 Cuando no estás dispuesto a seguir las reglas que impone quien mantiene, ni soportas la dinámica de quienes integran la familia y puedes —deseas— hacer tu vida fuera del hogar.

3 Cuando no tienes oficio ni aportas beneficio y sólo exiges, pero no propones ni das, y los conflictos son constantes. ¿Qué haces ahí?

4 Cuando no llevas una relación basada en el amor y el respeto con quienes te dieron la vida y con tus hermanos, y aceptas que tu presencia es un verdadero conflicto y no aceptas las muestras de amor o ayuda de quienes te rodean, empezando por tu propia familia.

5 Cuando te corren del hogar por razones diversas, justas o injustas, ¿qué haces ahí? Por dignidad, mejor busca otra opción.

He tenido muchos invitados en mi programa de radio que se convirtieron en verdaderos guías para tomar decisiones en mi propia vida. Personas que han estudiado, tienen amplia experiencia en temas relacionados con la dinámica familiar y aceptan que cada persona es diferente al igual que cada familia.

Dos de ellos, expertos en tema de adicciones, me dijeron tajantemente que cuando un alcohólico no desea ayuda y los conflictos causan estragos terribles en la familia, es necesario dejarlo solo. Por supuesto, no estuve de acuerdo con la aseveración en un programa en vivo. Siempre he creído que un alcohólico es un enfermo, necesita cuidados y ayuda, aun contra de su voluntad.

Sin embargo, la experiencia de estas dos personas, también alcohólicas pero en recuperación, dictan que con base en su propia experiencia y en la de cientos de personas que han ayudado, es necesario, sobre todo cuando hay resistencia a recibir ayuda, que se deje a la persona sola para que toque fondo y entonces pida la ayuda que necesita.

Esta decisión debe ser analizada, dependiendo de cada caso, pero muchas veces representa el inicio para solucionar un problema.

Sabemos el daño que implica la dependencia y el conformismo. Conocemos a varias, o muchas personas difíciles por esa misma dependencia y nadie hace nada por romper el ciclo de la comodidad o el conformismo. Decisiones drásticas para problemas viejos. Riesgos siempre habrá, pero precisamente en esos momentos funciona la frase: "El que no arriesga no gana."

¿No crees que es una alternativa?

¿Qué tipo de papá o mamá eres? Evitando ser padres difíciles

Estoy seguro de que si muchos supiéramos lo "padre" que es ser papá, lo seríamos desde antes. Aunque estoy convencido de que todo llega en su momento, hay hombres a quienes la inmadurez los sorprende con la gran responsabilidad que representa tener hijos y optan por evitar la bronca y huyen con mil y una excusas, privándose de la gran satisfacción que representa.

No intento excluir a quienes son padre y madre a la vez o viceversa; quienes por convicción o circunstancias inesperadas toman las riendas de la familia y entran en alguna clasificación que comparto en esta parte del libro. Podríamos encontrar numerosas excusas para justificar por qué no soy el padre o la madre ideal, pero sé que esta clasificación te dará una pista para decidir cambios en tu forma de actuar o ser.

Si pudiéramos clasificar la gran variedad de padres o madres que existen con base en las actitudes que tomamos, podríamos mencionar más de veinte, pero hoy quiero destacar sólo las más comunes:

1 Padres estrictos y "cuadrados"

Generalmente tuvieron un papá o mamá igual y tienden a repetir el patrón de conducta. El orden, la disciplina y la obediencia son fundamentales muchas veces mediante amenazas, gritos, reclamos o castigos. Pueden lograr su cometido a un costo muy elevado porque en muchos hogares en lugar de amarlos son temidos.

Las decisiones las toman ellos, sin diálogo ni opciones. "¡Se hace esto y punto!"

Crean muchos resentimientos que se acumulan y en algún momento salen a relucir en los miembros de la familia.

2 Padres consecuentes

Amorosos, comprensivos, participativos, pero en ocasiones se hacen de la vista gorda por evitar problemas con los hijos: "A mí no me pidas permiso, lo que diga tu mamá."

Evaden la responsabilidad para que sea la pareja o los mismos hijos quienes enfrenten las consecuencias de sus actos. Se ganan el cariño de los hijos por la poca disciplina que exigen, pero también el reproche de la pareja quien generalmente asume el rol de la mala o el malo del cuento.

3 Padres ausentes

A diferencia del anterior, estos padres prácticamente no están y cuando están, como si no existieran. Sí hay diálogo, pero sólo el indispensable. No conocen a fondo el sentir de sus hijos por mantenerse al margen de los problemas. Sus múltiples compromisos laborales, sociales, personales o deportivos les impiden una comunicación profunda. Su ausencia se nota, no sólo cuando físicamente no están, sino cuando en casa ven televisión, se pegan a la computadora o al celular, atendiendo asuntos de *suma trascendencia*.

Una clasificación aparte sería la gran cantidad de padres ausentes por convicción y que olvidan a sus hijos. Por un sinfín de razones optan por rehacer su vida, echan por la borda su obligación.

El precio a la larga es muy caro, ya que cuando llega la madurez o se tiene conciencia, el arrepentimiento y la culpabilidad se hacen presentes. Mi reconocimiento a tantas madres solas que logran formar hijos de bien a costa de un gran sacrificio, nunca serán padres y madres a la vez, pero sí ¡mucha madre!

4 Padres proveedores

La frase favorita de ellos es: "¿Les falta algo? ¡Trabajo para ustedes todo el día!"

Buscan a toda costa trabajar para que no falte nada a su familia, lo cual es loable pero el exceso de trabajo les impide disfrutar de los mejores momentos, lo cual detectan con el paso del tiempo.

Entiendo que muchos deseamos que nuestros hijos tengan una excelente educación y dejarles algo para el futuro; pero el precio de no equilibrar trabajo y tiempo de calidad en familia es muy alto.

5 Padres que se creen perfectos

Expresan que fueron muy buenos hijos o hijas. Insisten en lo estudiosos, nobles y buenos que fueron con sus padres durante su niñez y que jamás ocasionaron ningún conflicto. Mencionan frases como: "¡Con una mirada, mi papá nos controlaba!" "¡Si yo le hubiera contestado a mi madre como me acabas de contestar, me hubiera tumbado los dientes!" "Siempre los tiempos pasados fueron mejores, ahora la juventud está totalmente descarriada." Eso dicen también cuando juzgan las actitudes de los hijos. Muchas veces mencionan las cualidades que tenían en su infancia; pero en ocasiones los abuelos ya murieron y no hay testigos de tan buen comportamiento.

Es difícil afirmar que somos **padres ideales** porque ese calificativo deben darlo los hijos con base en su realidad. Lo que sí puedo afirmar es que un padre o una madre que trasciende es quien logra fortalecer la autoestima de sus hijos, diciéndoles cuánto los ama, reforzando sus cualidades y trabajando con cautela y gran sensibilidad sus debilidades. Un buen padre o madre procura dar un buen ejemplo, fomentando la honestidad, el respeto a los demás y el amor al trabajo digno.

Más que padres amorosos, somos guías y como tales tenemos una importante labor en tiempos actuales, donde los principios y los valores se están devaluando en la familia.

Se nos pasó la mano

En alguna ocasión leí que todos tenemos momentos de locura en que no medimos palabras ni acciones y podemos cometer errores imperdonables. Hago este comentario por las declaraciones de uno de los responsables del terrible acontecimiento suscitado en un casino de juegos de mi querido Monterrey, que costó la vida de 52 personas inocentes que nunca se imaginaron que encontrarían la muerte de manera tan trágica. El sujeto utilizó la siguiente frase: "Se nos pasó la mano..."

Entiendo que cualquier droga puede detonar actos de locura, pero supongo que hubo en el pasado de esas personas muchos otros momentos de locura.

"Se nos pasa la mano" como padres consecuentes cuando un niño nos dice alguna palabra altisonante y es celebrada con una sonora carcajada. Ese momento de locura puede detonar muchos más. Ese momento en que como padres olvidamos hablar directamente con nuestros hijos, ganarnos su confianza y poner límites en los momentos precisos y sin miramientos.

Toda esta violencia que padecemos empezó en un hogar. Ahí se forjan personas amables o déspotas, honestas o corruptas, sinceras o mentirosas, amorosas o violentas. Siempre hay en el pasado algo o alguien que fue el "autor intelectual" de hijos capaces de cometer las peores atrocidades y dañar la vida de miles de personas que sólo buscan trabajar dignamente y en paz: simple y sencillamente porque como padres "se les pasó la mano" por buenos, ausentes, indiferentes o consecuentes.

La Madre Teresa utilizó en varias ocasiones una frase que me llega profundamente en estos momentos: "Tal vez lo que hago es apenas como una gota en el océano, pero sin esa gota, al océano le faltaría algo."

Por eso te comparto esos momentos en que se "nos pasa la mano" y formamos hijos delincuentes, para evitarlos y buscar hijos nobles y sanos.

1   Controlemos y manejemos positivamente nuestra ira

Reconozco que todos tenemos derecho de expresar lo que sentimos y el enojo es una emoción natural, pero. . . ¡hay niveles! El problema no es el enojo, sino cómo me enojo y delante de quién lo hago. Es la forma casi como un hábito, en que explotamos por todo y por nada. Golpeamos puertas, herimos con la palabra, maldecimos y no falta quien dañe físicamente a quienes más quiere.

Lo más terrible de estas acciones es que siempre habrá más de un par de ojos observando nuestra forma iracunda de reaccionar y probablemente somos, sin saber, ejemplos a seguir.

2   Controlemos las ganas de quejarnos continuamente

Entre más me quejo, más acumulo energía negativa en mi ambiente, que tarde o temprano contagia a todos a mi alrededor. Contagiamos de amargura y mala vibra a quienes nos rodean y fomentamos sin querer la cultura de la mediocridad de vida. Reconozco que en este momento todos tenemos motivos para quejarnos, pero saber dónde, cómo y con quién, es lo que marca la diferencia.

3   Evitemos palabras y acciones basadas en la mentira

Mi padre me decía que el que *miente en lo pequeño puede mentir en lo trascendente.* Con qué facilidad mentimos para salir de un problema simple y con esa misma facilidad podemos utilizar la mentira para todo. Mentir es un acto basado en la deshonestidad y vale más decir una verdad sutil que una mentira piadosa. Querer aparentar lo que no es y lo que no somos es aprendido desde los primeros años.

4   Evitemos evadir nuestras responsabilidades

Desde niños tenemos responsabilidades y evadirlas es el primer paso para la actitud mediocre. Así como existen padres desconsiderados que explotan a sus hijos trabajando o pidiendo limosna, los hay que causan daños mayores al hacerles y darles todo lo que piden o exigen.

"¡Las cosas se ganan!", decía mi abuela. *¡La ociosidad es la madre de todos los vicios!* Entiendo que mucho tienen que ver las pocas oportunidades para que miles de adolescentes y jóvenes, que ni estudian ni trabajan, se conviertan en presas fáciles de la delincuencia; pero también sé que entre esos miles hay quienes por irresponsabilidad de sus padres y de ellos mismos son rémoras de sus mismos padres o de la sociedad.

La responsabilidad se fomenta en el día a día, diciendo qué se espera de cada quien y si no se cumple, se limitan los beneficios y punto.

5   No justifiquemos la mediocridad y el mal comportamiento
He sido testigo en varias ocasiones de justificaciones increíbles de madres o padres que defienden a capa y espada a hijos agresores en la escuela. A niños que desde pequeños muestran agresividad en sus acciones y los justifican con frases como: "Es la adolescencia", "es que no vive con su papá", "es que trabajo todo el día, por eso es así", "es que los profesores no le han enseñado y son injustos con él, por eso reprueba siempre", "es que los amigos de la cuadra lo sonsacaron".

Excusas más o excusas menos, pero justificamos a quienes desde el principio dan señales de que algo anda mal en sus vidas. Duele la indiferencia en la familia, la corrupción e impunidad que vivimos, el exceso de basura visual a la que nuestros hijos están expuestos tanto en televisión como en internet, y la poca responsabilidad que manifestamos quienes tenemos la gran fortuna de formar hombres y mujeres de bien. Estos acontecimientos tristes deben ayudarnos a ser más conscientes de nuestra labor. A ser profesionales en lo que hacemos, incluyendo formar una familia con valores y virtudes de los que nos sintamos orgullosos.

Sé que todo esto pasará porque tengo una fe inquebrantable y fomento diariamente en mí la actitud positiva. Pero sé también que todos debemos pregonar ahora más que nunca con el ejemplo para fomentar una cultura basada en el amor que todos merecemos.

¡Mi hijo no me soporta!

Decir a nuestros hijos qué es lo correcto y qué no, siempre va acompañado de la posibilidad de ser criticados por muchos motivos: por anticuados, insensibles, incultos o poco considerados. Habrá quienes digan que ser papá o mamá es algo relativamente fácil porque. . . ¡el amor es mucho!

Por supuesto que el amor es mucho, pero la responsabilidad también. Para otras personas, ser mamá o papá es una bendición y además un ¡suplicio! ¿Por qué? Por la gran cantidad de problemas que enfrentan y la ausencia de un manual que nos diga cómo proceder ante diferentes circunstancias. Cada caso es diferente y lo que funciona con un hijo, con otro no.

Curiosamente, esta generación de niños y jóvenes es la que más problemas de depresión, autoestima y conducta ha padecido. Y digo "curiosamente" porque también es la que más sobreprotección ha tenido, pues nos esmeramos para que nuestros hijos "no sufran" las carencias que tuvimos en la infancia.

Quienes tuvimos una niñez o juventud con privaciones económicas no podemos afirmar que eso sea elemento clave para el fracaso. ¡Al contrario! El común denominador en el factor éxito es una historia de fracasos y múltiples adversidades: aun con eso se logra trascender.

Si esa carencia es entendida y sobrellevada con esfuerzo y dedicación, se valoran más los logros, se cuidan más las cosas. Quienes sufrieron maltratos toman dos caminos: repetir las mismas actitudes de maltrato o mostrar indiferencia por lo que se vivió en la infancia. Este último camino conduce a tener conciencia y dar todo el amor que no recibiste a quienes dependan de ti.

Quienes se encargan de proveer en los hogares buscan de una u otra manera compensar el poco tiempo de calidad que destinan a sus hijos con cosas que puedan alegrarles o demostrarles cariño. Los tiempos han cambiado y también las dificultades económicas para mantener un hogar. Si antes se podía vivir con un salario, ahora en miles de hogares es prácticamente imposible.

Las últimas cifras son contundentes. En México, en el año 2000, los hogares liderados económicamente por mujeres llegaban a 25 por ciento. Para 2010, el porcentaje aumentó a 35 por ciento. También es representativa la gran cantidad de madres solteras, divorciadas o casadas, que llevan el peso de la manutención.

Por eso creo conveniente compartir contigo tres recomendaciones que te ayudarán en esta maravillosa tarea de formación que Dios te ha encomendado:

Límites con amor

Qué bonito se oye cuando nuestros hijos nos dicen que somos sus mejores amigos. Sin embargo, amigos tiene muchos, pero sólo un padre y una madre. Qué bueno que nos consideren así, pero nuestra labor fundamental es darles amor, respeto, educación y ser guías. Expresar qué esperamos de nuestros hijos cuantas veces sea necesario, y marcar con precisión sus límites. Éste es el reto más grande en la actualidad, porque la falta de respeto a la figura de autoridad se hace presente y es la causa más grande de conflictos en el hogar.

Soy de esa generación que expresa periódicamente que mi madre nos controlaba con una sola mirada. Con frecuencia nos decía que las cosas se ganaban, no se exigían en forma agresiva, y mucho menos a un padre o una madre. La queja más común de las madres es la falta de consideración de los hijos. Las faltas de respeto, los chantajes emocionales y las exigencias de los hijos a sus padres. Yo siempre les pregunto: "¿Quién los viste? ¿Quién les cumple sus gustos? ¿Quién les lava la ropa? ¿Quién les tiende la cama? ¿Quién les da para sus gastos y diversiones? ¿Quién?"

Las cosas se ganan y el primer paso para otorgar beneficios es tener respeto a la figura de autoridad. Es buen momento para recordar que el respeto se gana con base en la congruencia entre lo que decimos y exigimos, con lo que hacemos y la forma o actitud con la que vivimos.

La falta de respeto que se percibe desde la infancia es el inicio de problemas, muchas veces interminables. Aplica cuanto antes límites con amor porque, "más vale que llores hoy, a que te llore yo toda la vida."

Evita sermones interminables

¿Te has puesto a analizar cuántas veces sermoneamos sin antes escuchar las razones de nuestros hijos? Con el el tiempo se convierte en hábito convencer o exigir que se hagan las cosas como queremos sin dialogar. Sin querer, me di cuenta de este hábito que tenía de tiempo atrás. A la menor negativa de mi hija para hacer lo que yo creía conveniente, empezaba con la letanía de razones por las cuales debía obedecer. Pero omitía el primer paso para llegar a acuerdos: *el diálogo*. Intentar acuerdos es el reto, pero sin olvidar que somos guías y siempre procuraremos expresar lo que creemos mejor para nuestros hijos.

Expresar continuamente cuánto se les ama

¿Cuál es la razón por la cual hay tantos problemas de autoestima en la actualidad? Yo diría que la falta de aceptación y frases de afirmación a los hijos. Decir un "te quiero" en forma continua fortalece. Decir "me siento orgulloso de ti" aumenta la autoestima ante las adversidades.

No olvidemos que la primera necesidad de un ser humano es sentirse amado y valorado. Si como padres damos ese reconocimiento tan necesario a los hijos, te aseguro que tu labor se facilitará enormemente. Pero cuando un hijo se convierte en problema constante, es buen momento para preguntarse en qué fallamos o qué hacemos para que él o ella se comporte de esa manera, algo que generalmente no hacemos por egoísmo. Nos llenamos de ira y exigimos respeto o consideración por todo lo que hacemos por ellos.

El problema más grande de tener un hijo problema es no aceptar que somos en gran medida quienes generamos el problema. Amor, paciencia, diálogo, juicio y entendimiento serán siempre las mejores estrategias.

¿Castigos o consecuencias?

Hace unos días, mi hijita me comentó que una compañera de su colegio siempre está castigada. Que frecuentemente le dice a ella y a todas sus compañeras que sus padres la castigan de diferentes formas: no puede ver televisión, no puede salir, no puede recibir a nadie en su casa, no puede usar su celular durante varios días. Son tantas las ocasiones que la niña expresa que se encuentra en ese estado, que le dicen "La Castigada", y me imagino que ya se acostumbró a esa situación.

La conocí un día que fui a recoger a mi hijita al colegio. Ella se presentó conmigo así: "¡Hola! Mucho gusto. Soy Nancy y estoy castigada." (¡Ups!) Ya se acostumbró. Es su estado natural. ¿Es lo que esperan sus padres?

Castigos que nadie debería juzgar porque se supone cada padre conoce el porqué de su proceder; cada padre sabe o cree saber cuál es la mejor manera de educar a sus hijos, incluyendo la aplicación de premios o castigos.

¿En qué momento perdemos paciencia y cordura quienes somos padres y castigamos a diestra y siniestra a nuestros hijos, sin la capacidad de dialogar o negociar?

Gran dilema representa para quienes somos padres y guías aplicar reprimendas. Empezando por el término que utilizamos: ¡estás castigado! Cuando somos los castigadores, somos los malos del cuento, los villanos en la película de la vida de nuestros hijos, y de inmediato olvidamos que eso que estamos "castigando" es precisamente la consecuencia de una acción que ellos mismos decidieron hacer.

En relación con el tema, tengo varias recomendaciones que quiero compartir contigo:

1 Cuando son menores de edad, antes de la preadolescencia, lo ideal es el *diálogo frecuente*, más que el castigo. Es la mejor forma de enseñarlos a conocer pros y contras de cualquier acción. Tristemente, la falta de tiempo o paciencia nos hace amenazar o castigar.

2 En alguna ocasión leí que lo más conveniente es cambiar la palabra "castigo" por "consecuencia", porque a fin de cuentas eso es: una consecuencia que a ellos afecta, fruto de un acto indebido.

3 Lo ideal sería aclarar por adelantado cuáles serían las consecuencias en caso de... porque en muchas ocasiones se aplican en forma sorpresiva, causando frustración y tristeza por no conocer previamente los límites.

Es fundamental ser *claros, precisos y concisos* al momento de aclarar cuáles son las consecuencias de sus actos. Explicar claramente que sucederá si no cumplen con lo estipulado: "Vas a ver lo que te pasará si no haces esto o aquello." Pero sólo dicen "vas a ver", sin aclarar "qué verán..."

4 Por el excesivo amor que les tenemos, no somos capaces de cumplir la amenaza y, por lo tanto, los hijos nos tienen tomada la medida. "Te voy a quitar el celular una semana." Y al segundo día le dices: "Bueno ya fue mucho tiempo; aquí lo tienes para que te reportes de donde estés."

O aplicamos amonestaciones, castigos o reprimendas que ni tú crees que se cumplirán, ya que la amenaza es fruto de un arranque de ira: "¡¡Nunca más volverás a ver la televisión!! ¡Nunca jamás! ¿Quedó claro?" ¡Por favor! ¿Cómo se te ocurre aplicar ese castigo que de antemano sabes imposible de acatar?

En la mayoría de los casos, las limitaciones que ponemos en forma de *castigo o consecuencia* son canceladas por la insistencia de los hijos. Nos gana el arrepentimiento y cedemos cuando nos hacen cara de gato con botas de la película *Shrek*. ¿Recuerdas esa película donde este personaje para evitar problemas hacía una cara inocente, excesivamente tierna, que provocaba que todos los espectadores nos sintiéramos conmovidos? Pues esa misma sensación sentimos quienes no tenemos mano dura para respetar nuestras propias decisiones, adoptadas por el bien de quienes tanto queremos.

5 Evita exagerar en los límites aplicados. Tanto las consecuencias como los premios deben analizarse antes de expresarlos, ya que de esta forma no sentiríamos esa sensación de culpabilidad que asalta a muchos padres que deseamos fomentar una cultura basada en el amor y no en el miedo.

Es mejor el diálogo claro que el castigo sorpresivo. No lo olvides: lo que más nos cala cuando los hijos no hacen lo que deseamos es *perder la autoridad*, más que la falta en sí.

En relación con este último punto, me gusta la recomendación que encontré en el libro *Renuncio. Tengo un hijo adolescente*, de Yordi Rosado, que hace el psicólogo experto en adolescentes, Federico Soto. Él comparte tres niveles de faltas y algunas recomendaciones que te ayudarán a tomar mejores decisiones en cuanto a las consecuencias de los actos que cometen nuestros hijos, en especial adolescentes y jóvenes.

Nivel 1 Incluye las faltas como no contestar cuando se les habla; las exclamaciones de fastidio; cuando se les habla y salen con la típica respuesta de *ahí voy...* y nunca vienen; cuarto tirado; aspecto raro o no te agrada su vestimenta; traen cara de fastidio, hablan con groserías. Por increíble que te parezca, la recomendación de este especialista es no hacer la falta más grande. Esto es temporal, procura *no hacer nada*. Precisamente en estos casos más nos molestamos por la falta de control que tenemos de ellos, fruto de la independencia que todo adolescente busca.

No le arregles su cuarto, no le des importancia a su exclamación ni a su cara de fastidio y verás que pronto pasa. Dile sus consecuencias y evita gastar energía en corajes innecesarios:

"Tomaré dinero de lo que te doy para pagar a alguien que venga a fumigar tu cuarto periódicamente por la gran contaminación que guarda tu muladar."

Nivel 2 Los permisos, las salidas, la hora de llegada, con quién sale, pérdida de ganas para estudiar. La recomendación del psicólogo Soto es la *negociación y llegar a acuerdos en los límites y consecuencias de sus actos.*

Nivel 3 Los problemas más graves requieren con urgencia *ayuda profesional.* Alcoholismo, conflictos serios en la escuela, robo, vandalismo, delincuencia, promiscuidad.

Espero que estas recomendaciones te ayuden a tomar las mejores decisiones: *¿castigo o consecuencia?*

> **¿Por qué mi familia es tan difícil?**

La familia no se escoge, los amigos sí. Pero dentro de una familia hay grandes diferencias que pueden unirnos o separarnos. Sé que la falta de aceptación, tolerancia y prudencia ocasiona la mayoría de conflictos entre hermanos. Falta de aceptación hacia quienes no puedo cambiar. La gente es como es y punto. Tengo dos caminos: adaptarme o amargarme.

Una radioescucha se quejaba de la poca consideración de su hermana que, según sus palabras, era egoísta y soberbia. "Lo que más deseo es encontrar novio pronto, casarme y largarme para no estar viendo su jeta." ¡Literal! ¡No puede ser que una persona de su propia sangre sea capaz de cambiarle su plan de vida! Que esté dispuesta a agarrar al primer tipo que se aparezca para huir de una realidad que critica en lugar de negociar.

"Todo es negociable", me dijo mi prima Alicia en una ocasión. "¿Todo?", pregunté. "Sí, todo...", contestó. Y es cierto. Todo puede mejorar si negociamos. La gente astuta lo sabe y lo practica en su vida. Al paso del tiempo aprendí que cada persona difícil es analizable para negociar, para que así todos ganemos, sobre todo si se trata de un hermano. Es normal que existan diferencias y se acentúen. Lo que no es normal es que los pleitos perduren.

Existen muchas razones para tener resentimiento contra alguien. Sin embargo, la prueba más grande de madurez es recordar que la gente no es ni será nunca como deseamos. Todos somos diferentes aunque seamos hijos de las mismas personas.

Si quieres hacer sufrir a tu madre o a tu padre, peléate con tu hermano. No hay nada que dé más sufrimiento a los padres: atestiguar reproches o resentimiento de un hijo hacia otro. Me acuerdo de la astucia de mi madre cuando yo tenía pleito con alguno de mis hermanos. Siempre se me acercaba y en secreto me decía: "Hijo, tú eres muy noble e inteligente. No me gusta que pelees con tu hermano. Por favor, pídele perdón." A lo que yo contestaba con gritos: "¡Mamá, él me ofendió! ¡Él empezó y no tengo que pedirle perdón por algo que no hice!" "Yo sé que lo harás. No me gusta que estén peleados."

Y a ese punto voy. Yo intentaba arreglar la situación con tal de no ver sufrir a mi madre. Claro, no siempre, porque en ocasiones mi orgullo ganaba. Cuando mi madre murió, descubrimos que la misma estrategia utilizaba con mis seis hermanos. Iba y les decía lo mismo: "Tú eres muy noble e inteligente, no me gusta que estés peleado con tu hermano. Por favor, pídele perdón."

A eso se le llama astucia e inteligencia. Con alguno de los involucrados siempre funcionaba la estrategia.

> **"Si no puedes amar como debes, empieza con el respeto."** Esa frase me la compartió un sacerdote franciscano hace ya muchos años, cuando le externé mi coraje contra un hermano por una razón sin importancia.

En efecto, el respeto siempre será excelente estrategia. Porque sin querer, empecé a limar asperezas. Respetar incluye escuchar, ceder y entender razones diferentes a las mías.

Es increíble el efecto de respetar a un hermano, eludiendo gritos y palabras hirientes: "Si no puedes amar como debes, empieza con el respeto."

¿No crees que es un excelente comienzo? Te propongo que lo pongas en práctica. Evita todo lo que va contra el amor y la falta de respeto. Evita gritos, insultos, venganza, coraje. Evita al máximo hablar a las espaldas y sobre todo de miembros de tu familia. Esfuérzate por no convertir en hábito mirar hacia arriba en señal de desprecio, coraje o cansancio, porque eso es veneno para una relación. Además, el subconsciente lo interpreta como agresividad y tarde o temprano lo manifestamos con actos o palabras.

Si después de incluir el respeto y el amor en la relación con tu familiar, continúan las muestras de rechazo y agresividad hacia tu persona, sigue tu camino, no sin antes desearle lo mejor. Evita ser parte de la cadena del desprecio. No aceleres tu proceso de envejecimiento, llenándote del peor veneno para el cuerpo y el alma: *el rencor*.

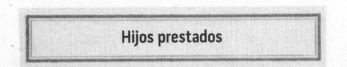

Hijos prestados

Es verdad, la vida nos hace muchas jugarretas, empezando por restregarnos que, efectivamente, los hijos son prestados. Los traemos al mundo, los educamos, los formamos con base en principios y valores, los llenamos de amor y, al final de cuentas, ellos deciden el rumbo de sus vidas.

Tratar de ir contra esta ley natural es entrar a un ciclo de sufrimiento. La vida nos pone a prueba al constatar que el tiempo no perdona y sigue su marcha, lenta a veces, rápida con frecuencia, cuando nos damos cuenta han pasado un montón de años que nos sorprenden por lo rápido que se fue el tiempo y lo pronto que crecieron nuestros hijos.

Parece que fue ayer cuando se acercaba mi hijo con su disfraz de Hércules —con todo y espada—, y me preguntaba con su tierna voz: "¿Me duermes?" Su significado en el código que todo padre e hijo tienen es: "¿Me llevas a la cama y me cuentas un cuento?" Al pequeño *Cochopipis* le encantaban los inventados por papá. Le decía así a mi hijo —y a veces le sigo diciendo— porque me daba mucha risa cuando no podía pronunciar su cereal favorito Choco Crispis y pedía *Cochopipis*. Chinita —así le decimos a mi hijita— cuando llegaba a casa, me recibía con su indescriptible sonrisa, y siempre con alguna novedad: un día maquillada, otro día con los zapatos de tacón de su mamá, otro metida en su casita de muñecas, inventando historias donde esas muñecas eran siempre cómplices y coprotagonistas, y con su tierna voz me pedía meterme a su casita para comer pasteles imaginarios —gracias a Dios—, si no ya estuviera bien redondo.

Benditas coincidencias, o *Dioscidencias*, de la vida al encontrarme con quien es mi esposa y me dio tan maravillosos hijos. Quienes somos padres nunca imaginamos la responsabilidad que adquirimos y mucho menos el impacto de nuestras acciones en su futuro. Por eso escribo a mis hijos lo que siempre he deseado hacer con ellos. Estoy seguro que te identificarás con algunos conceptos y estarás de acuerdo conmigo, en especial, si no deseas ser un padre difícil.

Hijos he querido ser un buen papá con ustedes, no el mejor, porque las comparaciones son odiosas. He intentado hacerlos felices de distintas maneras. Reconozco que he caído en la tentación de creer que con objetos los hago más felices y ustedes me han enseñado que les encantan los regalos, pero aprecian más el valor del tiempo que les dedico.

He querido ser congruente entre lo que digo y hago. Busco a toda costa no aconsejar cuando no me lo piden y mucho menos aconsejar lo que yo no hago. Y miren que es una verdadera odisea, porque se convierte en algo complicado cuando se trata de dar el mejor ejemplo.

Siempre he deseado que cuando tenga problemas me vean fuerte, aunque en privado me desmorone, porque deseo con todas mis fuerzas que siempre tengan esperanza y nunca duden que todo pasa y pasa para bien. Les digo con frecuencia frases como: "Todo es para bien; lo bueno está por venir; Dios tiene algo mejor para nosotros", y muchas más. Busco de una y mil maneras recordarles que no hay imposibles, y que la actitud unida a la fe hace milagros.

Siempre que tengo diferencias con su mamá —son normales y necesarias— vean que aclaramos y no peleamos. Discutimos, pero no nos lastimamos, aunque ustedes saben que no siempre logro mi cometido, ya que el temperamento y el acelere me hacen perder la paciencia y ciegan mi entendimiento. De lo que estoy cien por ciento seguro es que saben cuánto amo y respeto a su madre, y lo importante que es en mi vida; por ello deseo que ese mismo sentimiento aflore en sus corazones cuando formen su propia familia.

Desde siempre me he propuesto que cuando ustedes pierdan la paciencia, yo intente conservar la calma —y no es fácil— pero aunque me caiga una o varias veces, hago de nuevo el firme propósito de mantenerme calmado cuando los demás no lo están, pues deseo que nunca olviden que es la máxima prueba de madurez.

Deseo que siempre crean en un Dios amoroso que los ama tal y como son. Que siempre está dispuesto a escucharlos y ayudarlos en las peores adversidades. Por eso anhelo que aunque no tengan ganas ni humor de buscar a Dios en la iglesia o mediante la oración en casa, no dejen de buscarlo, porque el alimento espiritual es fundamental en la vida de todo ser humano.

Y por último, me he propuesto decirles cuantas veces sea posible —ya que nunca es suficiente para mí— cuánto los amo. Cuán orgulloso me siento de ser su papá. El gran regalo que son para mi vida y el engranaje más importante en su funcionamiento...

Intento convencerme —y no siempre lo logro— que Dios nos presta a los hijos. Los veo hechos unos jóvenes y me cuesta aceptar que tienen sus propias ocupaciones, amigos, sueños y pasatiempos, en los cuales no siempre estoy incluido. No puedo cargarlos como antes, ni regresar el tiempo para verlos como niños que desean jugar con su papá. Es parte del crecimiento personal de ustedes y mío.

En este libro aprovecho para dar gracias a mis hijos por ser como son. Así los amo. Y gracias por complementar la frase que les expreso en momentos inesperados: "Me siento orgulloso de ser... —y ellos contestan— ¡tu papá!"

No tengas saldo en contra

He aprendido que en la vida todo es transacción. Entre más amor fomentemos, más dividendos de amor recibiremos. La inversión más grande es el amor. La vida nos retorna todo lo que damos y deseamos a los demás. Todo se nos regresa, absolutamente todo.

Hacer y desear el bien a quienes nos rodean siempre será una excelente energía que promoverá lo mismo hacia nosotros. Un hermano siempre será un aliado en el dolor, siempre y cuando alimentemos la relación. Al final, la familia es el tesoro más valorado.

Avanzar en la vida con cargas pesadas dificulta el andar. Nada beneficia más que llenar nuestros actos de bondad y amor. Los problemas siempre serán asimilados de forma diferente y la solución de los conflictos también. Llámale vibra, karma, ley, causa y efecto, o vivir en gracia, pero todo lo bueno que realizamos, cada acto lleno de amor que promovemos y cada servicio otorgado con el mayor esfuerzo y entusiasmo, regresará multiplicado.

El búmeran es un arma que tras ser lanzada regresa a su punto de origen. Quizá en algún momento de tu vida encontraste uno y te sorprendiste de su tendencia a regresar al punto donde fue lanzado debido a su forma. Ese efecto búmeran se aplica en la vida de cada uno. Todo vuelve, estoy convencido. Lo que hacemos a otros nos lo hacemos a nosotros mismos.

La ley del karma expresa eso. El doctor Deepak Chopra, médico, escritor y conferencista norteamericano, expresó la siguiente frase: "Todo lo que te pasa en el presente lo has creado en el pasado. Todo lo que creas en el presente te pasará en el futuro."

En otras palabras, si no estamos de acuerdo con lo que la vida nos otorga, estemos atentos a lo que emitimos o sembramos. Ser amables siempre hará que en la vida encontremos gente así. Ser honestos y responsables atraerá personas similares en los momentos importantes o cruciales.

Tener saldo a favor significa dar lo mejor de ti, incluyendo paciencia, prudencia y entendimiento a quienes muchas veces tratar se convierte en toda una odisea.

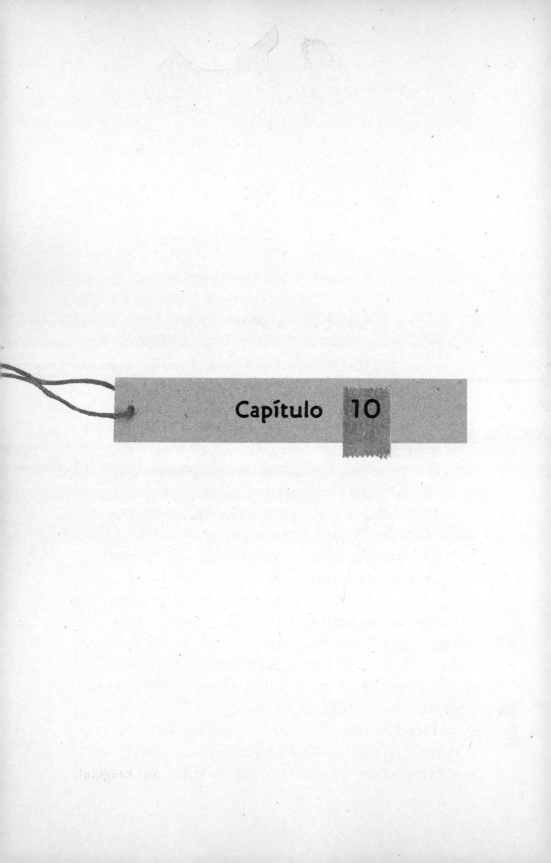

Capítulo 10

UNA DOSIS DE CARISMA PARA AGRADAR A LA GENTE

Ya lo hemos dicho: no podemos —ni debemos— exigirnos agradarle a todo mundo, pues el desgaste es enorme. Pero sí incluir algunas acciones que agradan a la mayoría. Son características de gente amable y las explota en su beneficio.

La gente agradable siempre será bienvenida. Vende más sus ideas o sus productos. Logra sus objetivos por medio de estrategias basadas en las relaciones humanas. Es difícil prescindir de alguien que se gana el aprecio y el cariño de la gente.

Éstas son las acciones y actitudes que los caracterizan:

1 **Sonríen con frecuencia.** Les agrada el sentido del humor y encuentran el lado amable a lo que sucede. Su sonrisa cautiva corazones y abre puertas. También es capaz de reírse de sus propios errores, lo cual no es fácil. La gente carismática lo hace y adereza con su actitud muchos momentos.

2 **Escuchan con el cuerpo.** Se sintonizan con quienes se comunican; siguen con atención gestos y miradas del otro, lo que dice o siente. Emplean el contacto visual, sin exagerar.

Esto hace sentir importante a quien escucha. No escuchar y no sentir empatía hace que las relaciones estén en crisis. Normalmente, cuando nos preguntamos cuál es el principal problema en las parejas, contestamos que la falta de comunicación. Cuando alguien no escucha en una relación, la situación deriva en un punto crítico caracterizado por la ausencia de diálogo. Tiempo de calidad es lo que pide a gritos la gente. Momentos exclusivos no sólo para hablar, sino también para entendernos y llegar a acuerdos que beneficien a ambas partes.

3   Entusiasmo. Una persona con carisma se apasiona con lo que hace: "Al lugar donde fueres, haz lo que vieres", y eso precisamente los hace únicos. Se adaptan a las circunstancias e imprimen un toque de alegría a lo que hacen. Por supuesto, no siempre estan así. No obstante, aprendieron que los resultados serán mejores si se adaptan y pasan sus momentos de la mejor manera posible. Esa capacidad de adaptación a personas y circunstancias hace inolvidables a personas agradables y carismáticas. Imposible que toda la gente sea empática, pero todos podemos buscar dentro de nuestras posibilidades la forma de mejorar los momentos compartidos. Recuerda: todos podemos adoptar una actitud positiva en cualquier momento.

Quienes fomentan el carisma como estilo de vida ganan una discusión cuando la evitan. Conocen perfectamente la gran diferencia entre discutir y pelear, identifican las situaciones en que no vale la pena invertir tiempo con discusiones intrascendentes. Procuran no inmiscuirse en controversias tontas que a nada llevan. En otras palabras, y como ya se ha dicho muchas veces, prefieren ser felices a tener la razón.

Olvidar agravios

Alguien dijo que perdonar es olvidar. Yo tengo una excelente memoria y me acuerdo de muchos agravios, pero no por eso dejo de perdonar.

Estoy consciente de la importancia de olvidar palabras hirientes que en su momento llegaron a lo más profundo de nuestro corazón y afectaron nuestra autoestima.

Es saludable no estar rumiando una y otra vez los pensamientos que desmotivan e impiden disfrutar del aquí y del ahora, lo único que de verdad tenemos. Olvidar, por ejemplo, las ofensas que un familiar cercano pudo "obsequiarnos" en un momento de ira o bajo los influjos del alcohol.

Si por alguna razón eres del grupo que —como yo— tienes buena memoria, te quiero decir que la mejor forma de identificar si el perdón sigue su curso es cuando recuerdas la ofensa, pero *no te duele*. Ahí podrás afirmar que vas por el camino del perdón. El bien que conlleva es tremendo, ya que las secuelas del resentimiento son invisibles, progresivas y mortales.

Hace unos días en un restaurante de mi querido México, escuché sin querer la plática de dos políticos. Uno de ellos expresaba cínicamente: "Recuerda, la gente no tiene memoria y al paso del tiempo puedes lanzarte a una diputación y ni quién se acuerde del error que cometiste." Ni para qué recordar el coraje que sentí al escuchar tan cínica expresión.

Por eso quiero invitarte a analizar algunas de las siguientes situaciones, en las cuales el olvido es más dañino.

No deseo olvidar la *desvergüenza* de la gente que en su momento nos demuestra una y otra vez su incompetencia y deshonestidad en puestos de diferente índole. Al paso del tiempo, vuelven con cara de "yo no fui", apostando al olvido de cada uno de nosotros. La responsabilidad y la honestidad son valores que se demuestran cada día. La congruencia entre lo que se dice y lo que se hace es fundamental para fomentar ambos principios.

Nunca olvido las *promesas* que hago, en especial a mi familia. Siempre recuerdo que un día prometí a mi esposa amarla y respetarla todos los días de mi vida. No olvido las promesas que en su momento hago a mis hijos, pues si no las cumplo pierdo credibilidad como padre. *La palabra impacta, pero el ejemplo arrastra* y estamos siendo observados constantemente.

Procuraré nunca olvidar los valores y principios que han regido hasta el momento mi vida. *Es tan difícil ganarse la confianza, y tan fácil, y rápido, perderla.* Todos tenemos ciertos momentos de locura en que la emoción del instante puede envolvernos en el espejismo de tener derecho a divertirnos y además afirmar: "Si todos lo hacen, ¿por qué yo no?"

Procuraré tener siempre en mente la importancia de hablar con *prudencia, con verdad y fomentar mi paciencia.* A ser empático con la gente. Es increíble la gran cantidad de personas que lo único que desean es sentirse escuchadas, valoradas y aceptadas. Recuerda que al paso del tiempo la gente olvida lo que decimos, *lo que jamás olvidan es cómo la hicimos sentir.* Deseo recordar que *la palabra tiene poder* y con ella puedo construir o destruir.

Siempre tendré presente que sólo tengo un cuerpo para albergar mi alma y soy el único responsable de alimentarlo de modo saludable, de permitir o no la entrada de pensamientos destructivos o constructivos, y que el proceso para educar mi mente es fundamental para el buen vivir. Somos lo que comemos y lo que pensamos, entre más chatarra consumamos en ambos aspectos, en eso nos convertiremos.

Por supuesto que olvidar lo que nos dañó ayuda y sana, pero no siempre. Y en circunstancias como las descritas es fundamental no olvidar.

La mejor estrategia para tratar con gente difícil

Por supuesto, hay personas en quienes no es necesario invertir tiempo ni pensamiento alguno, que por su naturaleza o historia personal es imposible tratar, aunque me atrevo a asegurar que son casos contados. Es parte de la vida, pero para ellos hacer el mal es parte de su naturaleza. Al respecto recuerdo una fábula que hace años me compartieron.

Un escorpión deseaba cruzar al otro lado de un río. Vio a una rana y le dijo:

"Llévame en tu espalda."

"¿Que te lleve en mi espalda?", contestó la rana. "¡Ni pensarlo! ¡Te conozco! ¡Si te llevo en mi espalda, me picarás y me matarás!"

"No seas tonta", le dijo el escorpión. "¿Qué no ves que si te pico te hundirás en el agua y yo, como no sé nadar, también me ahogaría?"

Después de un rato de súplicas el escorpión convenció a la rana de cruzar el río con él. La rana lo cargó sobre su resbaladiza espalda y empezó la travesía.

Llegados en medio del gran río, de repente, el escorpión picó a la rana.

Ésta sintió que el veneno mortal se extendía por el cuerpo y mientras empezaba a sucumbir en el agua, le gritó al escorpión:

"¿Por qué me picaste? ¡Yo te estaba ayudando!"

"No pude evitarlo", contestó el escorpión antes de desaparecer en las aguas. "Es mi naturaleza."

Por supuesto que la naturaleza de todos los seres humanos es y debería ser amar, pero hay quienes con sus actos demuestran lo contrario. Son personas que optan por hacer el mal justificando de una u otra forma sus acciones.

Con quienes son así, la recomendación siempre es y será evitar ser un eslabón más de una cadena donde la agresividad es constante y nadie gana.

Cuidado cuando alguien expresa su malestar porque según esa persona "toda" la gente es imposible de tratar o "todos" son ingratos y poco considerados con ella, "todo" está en su contra, según su idea de la vida, y nadie la comprende.

Te recuerdo una vez más, una persona difícil tiene una historia difícil. Cuando nos quitamos el velo del orgullo y el coraje, podemos encontrar cuáles son las razones por las que alguien actúa como lo hace. Éste es el paso más complicado, porque requiere dejar de lado el pensamiento emocional para entrar al racional, disuadir nuestras emociones destructivas y recuerdos amargos para entrar en las razones que tiene esa persona para actuar como lo hace.

Si tu afán es mejorar tu relación con quienes, de una forma u otra, se han puesto en tu contra o te impiden actuar, te recomiendo el siguiente ejercicio, utilizado para mejorar las relaciones con personas que no te agradan. Personas difíciles o que han llegado a la categoría de "insoportables" por diversas razones que te son difíciles de tolerar. De preferencia, y para evaluar resultados, te pido que sea alguien con quien tratas actualmente. Puede ser pareja, vecino, compañero de estudio o trabajo, amigo o un familiar.

Primer paso

Toma papel y bolígrafo. Escribe una lista de todas las razones por las cuales no hay armonía en la relación, por las que "no te cae" esa persona y no la soportas. Puedes desahogar tus resentimientos y corajes, agregando todos los adjetivos que se te ocurran, propios o impropios.

Aprovecha este momento para escribir una a una todas las razones por las que esa persona se ha convertido en un ser difícil, imposible o incluso despreciable. Haz que salga hasta lo último de tu corazón, desahógate. Si te faltan adjetivos, aquí pongo algunos que te ayudarán a completar tu lista. Perdón que los ponga sólo en masculino, pero es obvio que también aplican en femenino:

Adulador	*Gritón*	*Oportunista*
Alimaña ponzoñosa	*Haragán*	*Pesimista*
Animal rastrero	*Hipócrita*	*Posesivo*
Argüendero	*Impertinente*	*Rencoroso*
Avaro	*Imprudente*	*Sucio*
Desconfiado	*Incongruente*	
Desconsiderado	*Inexpresivo*	
Desleal	*Inseguro*	
Desobligado	*Insípido*	
Doble-cara	*Iracundo*	
Ególatra	*Mal hablado*	¿Con ésos?
Engreído	*Mala vibra*	¿O más?
Envidioso	*Mandón*	
Falso	*Mentiroso*	
Fregón	*Necio*	

Segundo paso

Te recuerdo, antes de realizar este segundo paso, que un líder debe ver lo que otros no, además de la capacidad de inspirar. ¿A qué me refiero con esto último? A que si te consideras con dones de liderazgo, que no dudo tengas, es fundamental que todas tus acciones sean inspiradoras para alguien más, lo cual se traduce en uno de los objetivos que todos los seres humanos deseamos: trascender, dejar huella. Por eso creo que el segundo paso es más significativo.

Reconocer lo bueno en lo malo es una cualidad de líderes. El arte de encontrar flores entre las espinas, árboles en los bosques. Reitero, no es fácil cuando hay agravios, ofensas, malos tratos o indiferencia, pero este paso te ayudará a sobrellevar a la gente insoportable.

Recuerda que la llave de entrada al corazón más difícil es el reconocimiento de una cualidad. Por ello, te pido que pienses en una, dos o tres cualidades de esa persona difícil o insoportable en la que pensaste y que tantas cositas te inspiró y escribiste. Sé que no es fácil, y menos con agravios constantes. Analiza qué admiran otros en él o ella. ¿Qué cualidades reconoces en su compleja personalidad? ¿Qué admiras entre tantos defectos?

La más difícil puerta de entrada al corazón son las cualidades. Cuando encuentras el momento indicado, salen las palabras adecuadas sin caer en la adulación innecesaria, que para fines prácticos no sirve en este ejercicio.

Te aseguro que es verdaderamente increíble el cambio de actitud que percibirás en ti. En varias ocasiones he recurrido a esta técnica con personas malencaradas que me atienden en dependencias públicas o privadas; con familiares, cuyas historias personales son tan difíciles que su comportamiento es inesperado. Haz algo por todas esas personas difíciles, encuentra alguna luz que te demuestre que tienen una cualidad, probablemente muy oculta, pero al fin cualidad.

Enfrentar la realidad y encontrar el lado amable o positivo a todo es siempre la recomendación más compartida por quienes se dedican a la psicología positiva.

Aceptas que tienes un conflicto con esa persona.

Aceptas y enfrentas la realidad, pero descubres la historia personal que la hace actuar de esa manera. Y dentro de ese mismo análisis, encuentras cualidades dignas de reconocer que puedan mejorar la relación.

¿Te ayudo?

A ver si la siguiente lista de cualidades te ilumina un poco en esa oscuridad llena de defectos:

Ameno	*Sagaz*
Bien intencionado	*Trabajador*
Buen esposo	
Buen padre	Bueno, si no encontraste alguna virtud,
Cariñoso	tal vez, estas "cualidades"
Considerado	te ayuden:
Cumplido	
Dedicado	*Huele bien*
Divertido	*Se viste bonito*
Enfocado	*Su auto es padrísimo*
Honesto	*Su bonita familia (pobrecitos...*
Inteligente	*¿cómo lo aguantan?, bueno, eso no)*
Leal	*Su casa*
Organizado	*Tiene bonitos zapatos*
Puntal	
Responsable	

Tercer paso

El tercer paso es pasar de la teoría a la práctica, poner a prueba tu humildad y disponibilidad para mejorar una situación crítica con quien te conviene o deseas mejorar la relación. Busca el momento indicado, las palabras adecuadas y con la mayor sinceridad dile qué reconoces en él o ella. Dile cuánto admiras su capacidad de trabajo, lo bien que se lleva con su familia, lo organizado que es, lo puntal que siempre ha sido o yo qué sé. Saca a relucir su cualidad por mínima que te parezca.

Por supuesto, no faltará quien está pensando, "¿yo?"

"¿Decirle a esta lacra que es un buen papá? ¡Nunca, jamás!"

"¿Decirle a esta zorra que me encanta su orden en la oficina? ¡Para nada!"

"¿Decirle yo a este inútil que admiro su risa contagiosa? ¡Por supuesto que no!"

¿Por qué reaccionamos así? Nos sentimos heridos por las actitudes de quien consideramos difícil o insoportable. Porque el velo del orgullo nos impide dar el primer paso y mejorar la relación. Porque sentimos que no vale la pena darle más cuerda a quien es insoportable.

Sin embargo, los resultados son asombrosos cuando das ese primer paso del reconocimiento sin adulación. Adulación sería reconocer lo que no hay, muy similar a la hipocresía. No te pido que adules o seas hipócrita, sino que busques la o las cualidades que puedes admirar en esa persona con quien te gustaría que las cosas marcharan mejor.

Reitero, la puerta de entrada al corazón más difícil es reconocer cualidades. Nadie se resiste a un reconocimiento así. La gente cambia cuando se siente reconocida o admirada.

Luego, puedes utilizar la tan conocida regla llamada más-menos-más, que consiste en decir primero lo que te gusta o admiras de él o ella; luego qué te gustaría que modificara, y termina con algo positivo que deje un buen sabor de boca después de la sugerencia.

Un ejemplo sería: "Estoy seguro de que difícilmente he probado un platillo tan rico como éste. Me encanta tu forma de cocinar. Sinceramente, todo lo que tú preparas te queda riquísimo." Posteriormente vendrán aclaraciones de quien se siente halagado por tan importante reconocimiento. Pueden ser aclaraciones por algo inesperado, algo que podría poner en duda tu comentario con frases como: "¿Qué me dices? ¿Es en serio? ¿Por qué nunca me habías dicho eso?", y otras más que pueden salir de la boca de quien jamás has reconocido algo o ni en sueños se hubiera imaginado que le dirías tan grande piropo.

Otro ejemplo. "Nunca te lo he dicho, pero me encanta cómo te llevas con tu familia. Probablemente por tanto estrés en este trabajo no me di tiempo de decirte que siempre me han gustado los detalles que tienes con tu esposa y tus hijos. Siempre eres detallista y cariñoso con ellos." Por supuesto, si la relación con esa persona es difícil, su sorpresa será mayúscula y creerá que algo quieres. Si es tu jefe, pensará que buscas un aumento o mejor puesto. Pero ése es su problema, no el tuyo.

Créeme, he aplicado esta técnica en varias ocasiones y nunca me ha fallado. Pero recuerda, nunca olvides que no se trata de adular, porque si la persona en cuestión detecta que es mentira o exageración tu comentario, te aseguro que surtirá un efecto contrario y las dificultades serán mayores.

Según lo he constatado, 80 por ciento de la gente reacciona favorablemente ante tan inesperada situación. Sólo a 20 por ciento la tiene sin cuidado tu admiración. Si te enfrentas a ese 20 por ciento de gente difícil, entonces te recomiendo otras dos opciones.

La indiferencia. La estrategia puedes encontrarla en este libro dentro de la clasificación de gente complicada o técnica del marrano. ¿La conoces? Si respondiste que no, con gusto la comparto pero te pido recuerdes qué características tienen los marranos. Su aspecto no es del agrado de la mayoría de la gente, pero su sabor, para quienes les agrada la carne, es muy rico. En general les gustar revolcarse en el lodo y la suciedad. Son malolientes, lo cual no les incomoda en absoluto porque según me han aclarado algunos veterinarios, los marranos no tienen sentido del olfato: por eso comen lo que sea y se revuelcan en cualquier charco maloliente.

La técnica del marrano es muy fuerte, pero hay que tenerla en mente. Más que una estrategia es una frase que engloba todo: "Jamás pelees con cerdos, porque tú te ensucias y ellos lo disfrutan."

Frase fuerte, matona, pero necesaria para recordarte que hay gente que por naturaleza es complicada, necia y difícil de querer. Por más que te esfuerces en agradarle o ganarte su aceptación, no será posible por su naturaleza.

No te ensucies agradando a quienes ya aplicaste alguna de las técnicas recomendadas en este libro. Deja de gastar energía con quien no acepta sus frustraciones ni la vida de los demás. No te inquietes más por los motivos de sus actos y reacciones, cuando por años no has encontrado respuestas: simplemente son insoportables porque sí. Sus respuestas vendrán salpicadas de coraje y resentimiento por heridas recientes o viejas que no desea tratar.

Sé que estoy compartiendo algo fuerte y puede considerarse ofensivo... para los cerdos, pero no es mi afán ofenderlos y mucho menos despreciarlos, ¡con lo ricos que son!

Por otra parte, no olvidemos que lo que generalmente *nos choca, nos checa*, y que detectar a gente complicada puede ser más un reflejo o algo que directa o indirectamente tiene que ver con cada uno de nosotros. Ojalá no caigas en la clasificación de tanta gente que se ahoga en un charco, que hace de un problema un drama; de quien le da gran importancia a lo que muchos ven como intrascendente.

El arte de no hacer trascendente lo intrascendente

Qué costumbre tan desagradable darle importancia a lo que no lo tiene. Conforme pasan los años nos damos cuenta que los problemas que nos quitaron el sueño nunca fueron importantes. Días, meses, años haciendo trascendente lo intrascendente. Enojándonos por insignificancias que nos privan del placer de vivir.

Recordé algunas etapas de mi infancia, cuando visitaba a mi abuelo y le contaba las situaciones que para mí eran verdaderas tragedias:

"¡Abuelo, un profesor de la escuela la trae contra mí! ¡Nos reprobó a todos! Y además siento que me odia. Me ve con coraje..."

Y él, con toda la tranquilidad y paciencia del mundo, que sólo los años dan, me contestó:

"Si te ve feo, pues no lo veas. Dedícate a hacer lo que debes. Además, cuando un profesor reprueba a más de la mitad de su grupo, el reprobado es él." (¡Sopas! Frase matona de mi abuelo.)

Me impresionó su respuesta, pero más la tranquilidad que me inspiró.

Otro diálogo con él:

"Abuelo, la Lupe —mi primera novia— no me quiere."

Y él con la misma tranquilidad me contestó:

"Pues no la quieras", me dijo. "Ya vendrá otra. Además, no puedes obligar a nadie a que te quiera." (¿Así o más claro?)

Ahora he aprendido que, en efecto, aquello a lo que dediques más tiempo y más pensamientos, más poder le das. Si alguien te hace la vida difícil —un jefe, una vecina, una cuñada, una suegra—, entre más pienses en lo que te hace o no te hace, en lo que dice o no dice, *más poder le das*.

No olvidemos que un pensamiento provoca siempre un sentimiento y, por lo tanto, la mayor cantidad de sentimientos de tristeza, enojo, impotencia o incertidumbre, se iniciaron con un pensamiento. Es muy fácil demostrar cómo un pensamiento provoca un sentimiento. ¿Hacemos una prueba?

Imagina en este momento un limón partido, pero uno de color verde intenso que no ha madurado. Ahora imagina que le pones chile en polvo que te encanta, lo exprimes lentamente en tu boca y muerdes su interior. ¿A poco no secretaste saliva? Pues así te demuestro cómo los pensamientos ocasionan sentimientos diversos.

¿Cuántos lectores estarán en este momento imaginando historias que no son, no existen y quizá jamás pasarán? Que si la hermana dijo, que si el marido fue o no fue, que si le caigo mal a tal persona...

Evitemos pensamientos tóxicos o nocivos que sólo arruinan momentos tal vez memorables. Piensa mejor en lo que deseas, en el amor que la gente te tiene y en lo valioso que eres, y verás la gran diferencia.

Sin lugar a dudas, el día que me contaron la historia de los bísquets quemados, mi vida cambió favorablemente... a tal grado que pude no hacer trascendente lo intrascendente. Hace unos años alguien compartió conmigo una historia titulada "Los bísquets quemados". Desconozco al autor de tan ilustrativa anécdota, pero si la analizas a fondo tendrá el mismo impacto favorable que tuvo en mí.

Cuando yo era niño, a mi mamá le gustaba de vez en cuando hacer el desayuno a la hora de la cena.

Recuerdo una noche en particular, cuando hizo el desayuno después de un largo y duro día en el trabajo.

Esa noche, mi mamá puso un plato con huevos, salchichas y bísquets muy quemados frente a mi padre.

Yo esperé para ver qué pasaba. Aunque mi padre lo notó, alcanzo un bísquet, sonrió a mi madre y me preguntó cómo me había ido en la escuela. No recuerdo lo que contesté, pero sí verlo untándole mantequilla y mermelada al bísquet y comérselo todo.

Cuando me levanté de la mesa esa noche, oí a mi madre pedir disculpas por los bísquets quemados. Nunca olvidaré lo que dijo mi padre: "Cariño, me encantan los bísquets quemados."

Fui a dar el beso de las buenas noches a mi padre y le pregunté si le gustaban los bísquets quemados. Él me abrazo y me dijo: "Tu mamá tuvo un día muy duro en el trabajo, está muy cansada y además un bísquet un poco quemado no le hace daño a nadie."

"La vida está llena de cosas y gente imperfectas —añadió—, yo no soy el mejor en casi nada, me olvido de cumpleaños y aniversarios, como todo mundo. Pero con los años he aprendido que aceptar los defectos de cada uno y celebrar las diferencias de los demás, es una de las cosas más importantes para una relación sana y duradera, donde un bísquet quemado no romperá un corazón."

Podríamos aplicar esto a cualquier relación. De hecho, la comprensión es la base en cualquier relación con hijas, esposas, amigas.

Querer cambiar a la gente es un desgaste tremendo. Pequeñas o grandes imperfecciones en los demás pueden aceptarse o no como parte de su ser. Pero ser tajante y querer que la gente sea siempre perfecta causa mucho estrés y el efecto dominó: queremos que alguien sea perfecto, después otro y luego otro y así buscamos que quienes tienen relación directa con nosotros sean de determinada manera. Las piezas se van cayendo una a una y pensamos que todos son ineptos, indignos de ser tratados pues muy equivocadamente queremos, o peor aún, nos sentimos perfectos.

El gran reto de no tomar las cosas personalmente

Desde hace años me apasiona todo lo relacionado con la calidad en el servicio. De hecho, estudiando esa rama de la ingeniería inicié mi carrera como capacitador y conferencista, aplicando lo aprendido en mi puesto de director de una asociación de servicio, como médico y padre de familia. Conocer los mejores pasos para tratar a la gente que nos rodea de manera excepcional y con valor agregado es en verdad reconfortante.

Impresiona la cantidad de empresas de toda índole que cierran sus puertas por falta de clientes, quienes dejaron de solicitar sus servicios por varios factores como el precio u otras opciones en el mercado, pero sobre todo por el mal servicio.

Médicos y profesionales de diferentes áreas que estudiaron gran parte de su vida para que, al concluir sus estudios, estén desempleados, desperdiciando talento y conocimientos. Algunos lo adjudican a la crisis, otros a la competencia o a razones diferentes, pero difícilmente aceptan que puede ser la calidad de los servicios otorgados.

El mal servicio es la principal causa de pérdida de clientes. Según la asociación estadounidense American Management Association (AMA), 68 por ciento de los clientes que abandona su relación comercial con una empresa lo hace por el servicio deficiente. 90 por ciento de los compradores perdidos no se comunican con la compañía para explicarle qué sucedió, sólo se van a otra parte y se convierten en agentes publicitarios negativos que espantarán a decenas o cientos de clientes, simplemente platicando sobre su experiencia con esa empresa.

Dentro de lo más importante en torno al servicio está la forma de enfrentar una queja, que es un grito de auxilio; es una gran oportunidad para reivindicarnos y evitar que el cliente se vaya molesto y no regrese o, lo que es peor, nos haga publicidad gratuita y no precisamente favorable.

Cuando un cliente se queja —incluyo clientes internos, externos y a nuestra propia familia—, lo hace con una carga adicional de emociones como la ira, coraje, tristeza, desilusión, o peor aún, con una dosis de ofensas para quien recibe su malestar. Quien no sabe manejar quejas las toma como algo personal y el conflicto se hace más grande.

- "A mí no me hable así."
- "¡No fui yo quien le vendió eso!"
- "¡No me amenace porque entonces sí no le hago caso!"
  Y respuestas similares.

No tomar personalmente las quejas de un mal servicio es un reto y tarea difícil, por eso quienes capacitan en tan importante área tienen una labor fundamental para que los clientes no se vayan a otra parte.

A nivel interpersonal, la situación es muy similar. Si alguien expresa su malestar por lo desorganizado de un lugar, no faltará quien conteste inmediatamente con coraje las mil y una razones por las cuales las cosas no marchan y, sin embargo, aunque la queja no fuera directa o personal, se toman así por la carga emocional que todos traemos dentro.

No tomar las quejas y ofensas como algo personal es un verdadero reto porque siempre habrá gente más sensible que otra.

Recuerdo una ocasión que llegué a un teatro de una ciudad con el fin de impartir una conferencia, y en las pruebas de sonido mencioné que el espacio para impartir la charla era muy reducido para el gran tamaño de la sala. Como fiera salió una señora tras bambalinas diciéndome de manera muy desgradable las razones —nada creíbles— de por qué se había dispuesto así la sala. Simplemente dejé que se desahogara y al final le agradecí su información sin hacer más grande el asunto y me retiré al camerino a esperar el inicio de mi conferencia, no sin antes dar indicaciones a la gente que me contrató para que las cosas estuvieran como yo deseaba. ¡Tampoco soy menso, ni sumiso! Imposible quedarme como si nada, cuando la responsabilidad en el escenario recae sobre quien se encuentra ahí. Minutos después, la mujer me buscó para ofrecerme una disculpa por las palabras utilizadas, luego derramó profuso llanto y mencionó sus múltiples problemas familiares y laborales.

Por supuesto, pude tomar las cosas como algo personal y contestar de igual forma, pero estoy seguro de que entonces yo me hubiera sentido mal.

Concluyo con cinco estrategias fundamentales para no tomar las ofensas de manera personal:

1   Recordar en el instante de la crisis que la persona se queja de un servicio, no de mi persona, de lo que se le ofreció y no obtuvo o de lo que creyó que obtendría y tal vez nunca se le garantizó. La queja no es personal y, si fuera así, entonces pasemos a la recomendación numero dos.

2   Mucha gente a la que tratamos son personas heridas por la vida y las circunstancias que no encuentran la manera de externarlo y creen que la agresividad es una forma de hacerlo. El ejemplo típico es el bienestar temporal que algunos experimentan en el momento de una venganza. Un elixir momentáneo que minimiza la pena, pero al paso del tiempo nos pone en la misma situación que quien nos ofendió. No justifico, pero no conocemos su pasado ni sus historias. Imposible hacer un diagnóstico certero de la gente con la que tratamos. Precisamente en esos momentos el coraje momentáneo puede transformarse en compasión.

¿Qué cargará para mostrar tanta amargura? ¿Qué le dan —o no le dan— para que actúe con tanta agresividad? ¿Qué infancia habrá tenido para reaccionar de esa manera?

Te puedo asegurar que ese pensamiento en el momento de la ofensa será un gran aliado de tu reacción.

3   Peguntarte antes de reaccionar: ¿Cuál es la forma menos agresiva de responder al agravio? ¿De qué manera positiva contestaré esta ofensa inmerecida?

Aquí y en todas partes, el que se enoja pierde. Quien responde agresivamente se coloca en el mismo nivel y se hace vulnerable a la crítica de quienes atestiguan el suceso.

4   Evita tomar las cosas personalmente recordando, una y otra vez, que "no permitiré que cualquier persona modifique mi estabilidad emocional". No puedo ni debo otorgarle ese derecho a cualquiera y mucho menos a quien probablemente no volveré a ver jamás.

5   Transmitir calma cuando otros están molestos es la mayor prueba de *madurez y equilibrio*. Si es necesario actuar, hazlo por tu bien, por tu imagen y por el aprendizaje de vida que das a quienes te rodean.

Te comparto una breve historia que me confiaron hace años.

Un hombre iba en un camión urbano en compañía de sus tres inquietos y ruidosos hijos. Corrían por el pasillo de un lado a otro molestando sin querer al resto de los pasajeros. El padre no se inmutaba, viajaba con la mirada perdida, ausente ante tal algarabía. Después de un tiempo y de las miradas lacerantes de quienes iban en el camión, varios pasajeros empezaron a hacer comentarios:

"¿Cómo les permite que esos niños estén tan inquietos?"

"¿Qué le pasa?"

"Una buena nalgada a cada niño y les quitaría lo chiflados que están."

Estos y otros comentarios se escuchaban en murmullo. De pronto, uno de los pasajeros se acercó al hombre y le dijo en tono molesto:

"¿Qué no ve que sus hijos van gritando y son insoportables?"

"Perdón, señor", dijo el hombre. "Mil disculpas por la molestia. Es que venimos del hospital donde le dijeron a mis hijos que su madre acaba de morir."

Al escuchar esto, los pasajeros cambiaron su actitud, no encontraban las palabras o la forma de consolar al señor y a los niños de tan inmenso dolor.

No tomemos las cosas como algo personal; no sabemos qué cargan las personas a nuestro alrededor o qué falta de criterio o prudencia aprendieron como estilo de vida y no vale la pena gastar tiempo o energía en lo que no importa. Por eso te recuerdo que la tolerancia vale, y mucho.

Es mejor que fluya: tolerancia

Claro que la tolerancia es uno de los valores universales más significativos y motivadores, entre libertad, justicia, respeto, responsabilidad, amor, bondad, honradez, confianza, solidaridad, verdad, valentía, paz, amistad, fraternidad, honor y otras virtudes.

De acuerdo con la Real Academia de la Lengua Española, tolerar significa: "Sufrir, llevar con paciencia. Permitir algo que no se tiene por lícito, sin aprobarlo expresamente. Respetar las ideas, creencias o prácticas de los demás cuando son diferentes o contrarias a las propias."

Un radioescucha, que tiene años tratando y negociando con gente de varios países me decía que ser tolerante tal vez implique un disgusto emocional por no llegar a un acuerdo, o como dice la expresión: "El que calla otorga." Y estoy de acuerdo, ya que desafortunadamente la línea que divide *tolerancia y sumisión* es muy delgada, si no se tiene el conocimiento, la actitud o la autoestima necesaria para enfrentar las injusticias. Pero cuando el valor de la tolerancia es asimilado y practicado de manera saludable, puede fomentar otros valores universales.

Recuerdo la frase que un día escuché en cierta discusión con una persona, de las que gozan y disfrutan discutir por todo y por nada. Al desahogarme con quien pacientemente escuchó mi lamento por lo mal que me sentía después de tan acalorada discusión, me dijo: "César, no dejes que nada ni nadie modifique a su antojo tu equilibrio emocional. ¿Qué prefieres, tener la razón o ser feliz?" Benditas palabras que recuerdo hasta la fecha y me han ayudado a aplicar la tolerancia y la prudencia en muchos momentos similares de mi vida.

En las discusiones de pareja la tolerancia juega un papel fundamental cuando uno de los dos reacciona y evita que la crisis o el círculo del enojo tome más fuerza.

"Nos hemos levantando la voz. Se me hace que estamos haciendo muy grande esta situación. Si quieres lo hablamos más tarde."

"Por lo visto, ninguno de los dos va a ceder. Creo que lo ideal es pedir tiempo fuera para pensarlo mejor los dos."

¡Imagínate la cantidad de broncas que nos hubiéramos evitado!

Contestar de esa manera es aplicar paciencia, amor, responsabilidad y bondad, además de fomentar la paz, la cordura y demás virtudes.

Respecto a la tolerancia es bueno recordar lo siguiente:

1 **No todo puede estar bajo nuestro control.** Las circunstancias y las personas pueden cambiar de un momento a otro, y remar contra la corriente genera mucho estrés y ansiedad. A veces es más saludable dejar que las cosas fluyan y no engancharnos.

2 **"Tiempo fuera".** Expresión aplicada en el deporte cuando alguien necesita reivindicarse, ajustarse o nivelarse ante un suceso inesperado. Pedir tiempo fuera atenúa las emociones basadas en el coraje o el resentimiento. Decir a tiempo: *déjame pensarlo*, sin caer en la indiferencia; *necesitamos calmarnos*, sin olvidar los argumentos; *vamos a hablarlo después porque esta-*

mos muy alterados, puede ser la gran diferencia. No olvides, *la máxima prueba de madurez es mantener la calma cuando todos están alterados.*

3   La tolerancia evita muchos problemas basados en la imprudencia y en el exceso de "*sinceridad*". Por decir lo que sentimos... ¡decimos de más! Por creernos excesivamente sinceros y aborrecer la hipocresía, podemos hablar de lo que no debemos y tomarnos atribuciones que nadie nos confió, como decirle sus verdades a la gente.

Se crean muchos problemas laborales cuando la injusticia o imprudencia de tus superiores los llevan a expresar palabras duras como un desahogo al no lograr los objetivos. Situación muy frecuente y que trae muchas secuelas en las "víctimas" cuando no se aplica la tolerancia y el silencio oportuno. Recordé la vergonzosa escena que un día presencié en un trabajo. El director "echaba humo" por diversas causas, por no haber cerrado una importante negociación, entre otras. Aunado a problemas familiares que lo agobiaban y de los cuales todos sabíamos. En plena junta de consejo, expresaba palabras hirientes y humillantes a la responsable del área, quien sin dudarlo un momento le contestó —con todo el coraje acumulado contra el jefe desde hacía siete años—, lo mediocre que siempre fue desde que la contrató. Dijo verdades a medias pero llenas de odio, provocadas por la descalificación a que había sido sometida. Al finalizar dijo tajantemente que renunciaba y salió de la sala de juntas con un portazo, aprendido en su infancia después de múltiples rabietas.

Obviamente es injustificable hacer sentir mal públicamente a alguien, y menos con adjetivos impropios, pero peor se hubiera visto el director si la persona en cuestión hubiera aplicado magistralmente el valor de la tolerancia, guardando silencio, conservando su compostura sin enojarse —aunque por dentro fuera un volcán a punto de explotar— y hubiera dicho sus argumentos en forma pausada y profesional.

Si hubiera meditado con su respectivo tiempo fuera, habría adoptado decisiones basadas más en la tolerancia, la inteligencia y la bondad. No es fácil, lo sé y estoy seguro de que, como yo, lo has vivido.

Tolerancia no es aceptar injusticias, es aplicar inteligentemente tu respuesta ante lo que sucede y no dar rienda suelta a todo lo que piensas, imaginas, concluyes o intuyes. Tolerancia es paciencia y dejar que fluya lo que no importa o no controlo.

Programarme para lo mejor

¿Alguna vez has estado en un restaurante de comida brasileña? Quienes han ido a estos lugares recordarán que los meseros acuden a cada mesa ofreciendo diferentes cortes de carnes en espadas. Son de ocho a diez visitas a tu mesa, no sin invitarte a que pases primero a la barra de ensaladas donde todo se antoja.

La tentación de comer ensalada, quesos y otras cosas más, es demasiada y la mayoría de la gente sucumbe ante esa tentación sirviéndose una porción grande.

Después, inician las visitas del mesero con los diferentes cortes y para el tercero o cuarto tiempo ya no quieres más. Uno de mis acompañantes me dijo una vez: "Y la mejor carne está siempre al final." Muchos no pueden llegar a ese final por estar llenos.

Mucho tiene que ver con la vida, ya que he constatado que muchas veces lo bueno viene después, pero hay que tener *paciencia*.

Tengo la costumbre de limpiar a fondo mi oficina y mi casa al finalizar cada año. De tirar lo que no sirve, donar lo que no utilizo y pueda ayudar a alguien. Tengo el hábito de analizar qué debo quitar de mi vida, retirar lo que me estorba sobre todo en mi propósito de ser feliz.

En China existe la tradición de *sacudir el chen*. Sacudir el polvo o lo viejo. Según esta creencia, para recibir las bendiciones del año venidero debes hacer una limpieza profunda.

Hay cosas que no sirven, las tenemos a la vista y ocupan un espacio que puede ser llenado por lo bueno y lo mejor. También ocupan mucho espacio en mi mente pensamientos destructivos, tóxicos o negativos que lo único que hacen es amargar mi presente.

Hay personas en la vida de cada uno cuya presencia nos desmotiva y, sin embargo, las seguimos viendo por lástima, compasión, costumbre o miedo a la soledad.

Lo mismo le sucede a personas que en forma lastimera se expresan de lo inconformes que están en sus trabajos, de lo mal que los tratan o lo poco que se les valora y siguen ahí porque no tienen otra opción o por miedo al cambio.

Por supuesto, todos tenemos la capacidad de elegir qué debemos esperar de cada situación. A veces, la paciencia es la mejor estrategia para disfrutar lo bueno. Y esa misma paciencia se puede aplicar en circunstancias que nos afectan y no podemos hacer nada por modificarlas.

En cualquier situación tenemos dos opciones:

1 Amargarme y amargar con mi actitud a los que me rodean por la inconformidad que vivo.

2 Adaptarme sin conformarme y recordar que lo bueno está por venir.

En esta segunda opción los seres humanos tenemos una increíble capacidad de adaptación a los cambios y el tiempo siempre será un excelente aliado. Cuando digo adaptarme, sin conformarme, es encontrarle sentido a lo que me sucede. Puedo aprender de la adversidad y tomar una actitud ante lo que me ocurre.

Me adapto, mas no me conformo a seguir con alguien que me hace sentir mal. Expreso mi malestar y busco acuerdos, si no logro nada, termino la relación en la forma más pacífica posible.

Me adapto a mi trabajo actual, aunque no me guste, pero procuro no agregar una actitud pasiva, permisiva o negativa que complique las circunstancias y busco constantemente lo bueno o positivo que tengo.

Podemos adaptarnos a una enfermedad, mas no a conformarnos a la fatalidad que lleva consigo.

La gente inteligente fomenta la paciencia, la tolerancia y la prudencia. Repito constantemente esas tres palabras cuando las cosas no salen como espero. "Después de la tempestad siempre viene la calma. Lo bueno está por venir."

Y para quienes tenemos fe y esperanza, es bueno recordar que en los momentos críticos y por más difícil que sea la aflicción, lo bueno siempre estará por venir.

Recuerdo la historia de aquel náufrago que diariamente imploraba a Dios ser rescatado de una isla desierta. Oraba con mucha fe, suplicaba al creador que un barco pasara y lo rescatara. Después de muchos días en esas condiciones construyó con gran esfuerzo una pequeña choza para resguardarse de las inclemencias del tiempo.

Cierto día salió a buscar alimento y al regresar encontró su choza en llamas. El hombre empezó a gritar de coraje contra Dios. Lloraba y expresaba su resentimiento por todo ese infortunio y la manera en que Dios se burlaba de su sufrimiento después de tantas oraciones.

Se quedó dormido y al día siguiente lo despertó el sonido de un barco que se aproximaba a rescatarlo. Su alegría fue inmensa. Preguntó a uno de los miembros de la tripulación cómo era posible que lo hubieran encontrado "¿Qué cómo te encontramos? ¡Vimos tus señales de humo!"

Quienes tenemos fe sabemos que la paciencia, la tolerancia y la prudencia siempre rendirán frutos porque lo bueno y lo mejor siempre está por venir.

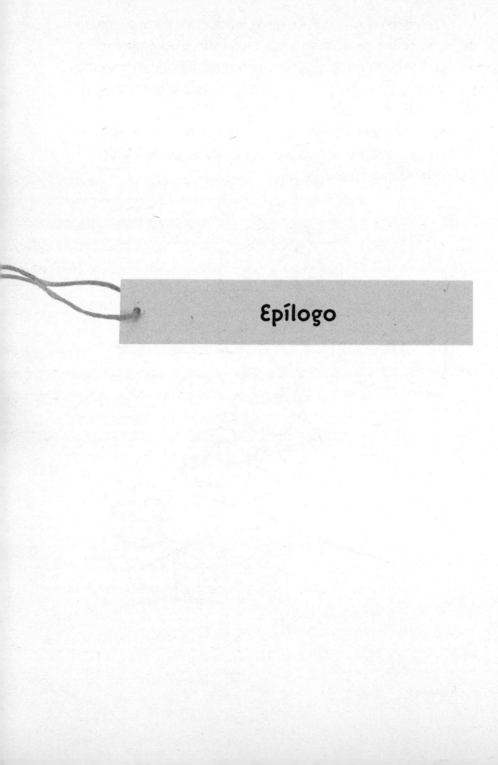

Epílogo

¿CÓMO TE GUSTARÍA SER RECORDADO?

Es triste descubrir cómo algunos seres humanos desperdician la gran oportunidad de pasar a la historia por sus obras maravillosas y en lugar de eso son repudiados por sus malas acciones contra quienes más los necesitan: los niños, las familias humildes de nuestro país.

Tantas oportunidades tienen los políticos de ser recordados como gente de bien y con auténtico espíritu de servicio, congruentes con sus actos y fieles a sus promesas de campaña. Pero las desperdician con sus actos; lamentablemente el pueblo olvida y ése es su triste estandarte.

Siempre he creído que todas las lápidas o urnas destinadas a contener nuestros restos deberían tener un epitafio. Una frase que resuma la calidad de persona que yace ahí, el amor que dio, la fortaleza que tuvo ante la adversidad.

Recuerdo el texto de una lápida en la ciudad de San Antonio, Texas. Decía más o menos así: "Que tus malos recuerdos y pésimas acciones, se borren con el perdón del Creador."

¡Zas! Y después leí otra que decía: "No fuiste un buen esposo, ni mucho menos un buen padre, pero fuiste buen proveedor. Gracias."

Me imagino que quienes escribieron esas frases no son los que yacen en el santo lugar, sino quienes los conocieron y pusieron lo que más recordarán.

Somos contadores y creadores de historias. Todos los días lo hacemos consciente o inconscientemente. Diariamente, testigos silenciosos guardan en lo más profundo de su mente lo que hacemos o decimos, y luego lo cuentan como anécdota, como esparcimiento, como momento memorable, inolvidable, de risa incontrolable o como algo digno de imitarse.

Me sorprende cuántos creadores de historias ya no están y sus acciones se comentan en cualquiera de las clasificaciones antes mencionadas.

Mi compadre Daniel, ante cualquier situación, utiliza las frases: "Como decía mi papá..." "Me acuerdo un día que estábamos en el negocio de mi papá..." "En un viaje que hicimos, nos atacamos de risa cuando mi papá..."

El hombre falleció hace más de ocho años y sigue vigente por ser creador de historias dignas de ser recordadas y, sobre todo, compartidas.

Mi amigo Ernesto también habla con mucho orgullo de su padre. Aunque solamente estudió hasta segundo año de primaria, fue un hombre trabajador, empresario en el área automotriz, con sabiduría de vida, honesto, bondadoso, íntegro, pero sobre todo excelente esposo, amigo y padre de familia. Los recuerdos de sus historias perduran después de más de quince años que partió de este mundo. Una de las historias que cuenta mi querido amigo respecto a su padre me dejó una gran enseñanza.

El "Chaparro Tijerina", como cariñosamente le decían, y de estrato social medio; se ganó la amistad de muchísima gente de todos los niveles sociales, incluyendo empresarios prominentes de la ciudad por su bondad y sinceridad.

Un día se encontraba en el velorio de un hombre económicamente considerado de *altos vuelos*. Rodeado de gente de alta alcurnia, con la sencillez que lo caracterizaba, estaba un poco apartado del féretro. De pronto le solicitaron que hiciera guardia de honor con otros empresarios. Al terminar dicho acto, se le acercó uno de los hombres más reconocidos de México y al oído le preguntó:

"¿Cuánto habrá dejado este hombre", refiriéndose al dinero que tenía.

A lo cual el señor Tijerina, en voz muy baja y con sumo respeto, contestó:

"Todo, dejó todo."

No nos llevaremos absolutamente nada. Todo dejaremos, incluyendo los recuerdos de múltiples historias en las que fuimos protagonistas.

¿Qué acciones hago o no hago, qué palabras digo o no digo, qué recuerdos dejo, para que al paso del tiempo hablen de mí para bien o para mal? Pensar en esto, me hace tomar desiciones contundentes desde hoy que me permitan cambiar lo que creo necesario. Saber que la vida es temporal nos hace vulnerables y, sobre todo, responsables de nuestras acciones. Nos olvidamos que existe un gran final; que la vida se va con el paso del tiempo y el fin nunca justifica los medios. Que en vista de nuestro bienestar o felicidad caemos en la tentación de dañar a terceros y ser recordados con repudio y desconsideración.

Cuántos servidores públicos andan con la cabeza en alto y sobre todo sintiendo que merecen respeto y reconocimiento por sus acciones basadas en el bien común. Por supuesto hay quienes trabajan incansables por el bien de todos, pero existen los que aprovechan el momento para hacerse de un patrimonio que nunca será suficiente por su ambición desmedida.

Hoy sería un buen ejercicio el siguiente:

1 Pregunta a la gente que verdaderamente te conoce ¿cuáles características valoran más en ti? ¿Qué acciones o actitudes aprecian en tu persona? Si tardan en contestar, tal vez te espera un trabajo arduo en los próximos días.

¿Qué es lo que más les agrada de ti?

¿Qué recuerdan de ti respecto a tus acciones del pasado?

¿Qué disfrutan más de ti en la actualidad?

Ése será un excelente inicio para conocerte y dar el siguiente paso.

2 Haz tu epitafio sin pensar que se leerá después de tu muerte, lo cual siempre causa incertidumbre y temor por enfrentarnos a lo desconocido. No tanto por la muerte en sí, sino por el ¿cuándo y cómo será? Hay quienes repiten una y otra vez que no temen morir, lo cual no dudo, pero en el fondo de nuestro corazón siempre se alberga el temor de ese momento, dónde será y qué hay después de ese paso que todos daremos.

3 Analiza la congruencia entre tu epitafio y la vida que actualmente llevas. Identifica si tus acciones inciden con la forma en que te gustaría ser recordado por familiares, amigos y conocidos.

4 Como complemento a este ejercicio, sé honesto y piensa qué cambios requieres para ser recordado con admiración. ¿Qué debo hacer o dejar de hacer desde hoy para que mi familia se exprese de mí de la mejor manera? Para que jamás bajen la cabeza con vergüenza ante la vida que llevamos.

No olvidemos que estamos de paso y la vida paga con creces las acciones que representan un bien común; que Dios nunca se deja ganar en generosidad para quien da y hace de su vida un ejemplo a seguir. También es bueno recordar que la vida cobra factura por actos o acciones contra otros seres. Llámale ley de causa y efecto, karma, consecuencia, pero no nos vamos sin recibir el fruto de nuestras buenas acciones o del daño que ocasionamos.

Nunca es tarde para reencontrar el camino correcto. Para reconocer que probablemente somos difíciles o insoportables para alguien; que nuestras acciones y nuestra presencia motivan desánimo, tristeza, incertidumbre o miedo. ¿Vale la pena? ¿Vale la pena compartir emociones contrarias al amor?

Nunca es tarde para adquirir técnicas como las ofrecidas en este libro para mantener la cordura, ser pacientes y prudentes, responder a los agravios o la molestia que causan ciertas personas difíciles con tolerancia y comprensión.

Recuerda:
"Se admira más a quien
un día cambió para bien,
que al que siempre ha sido
bueno." Nunca es tarde
para enmendar errores que
nos quitan tranquilidad
en el presente.
Vale la pena, sí,
¡claro que vale la pena!

CÉSAR LOZANO es un destacado conferencista internacional, con una audiencia aproximada de veinte millones de personas en América Latina y Estados Unidos. Reconocido locutor de radio y televisión, en la radio conduce el exitoso programa *Por el placer de vivir*, transmitido en casi 40 estaciones radiales de México y en algunas ciudades de Estados Unidos. En la televisión, es responsable de la sección "Vive hoy" del programa *Hoy*, del Canal de las Estrellas. Es autor de los bestsellers publicados por editorial Aguilar: *¡Despierta!... que la vida sigue: Reflexiones para disfrutar plenamente la vida; Una buena forma para decir adiós: Palabras que te ayudarán a sobrellevar el duelo por la muerte, la ruptura amorosa y los malos hábitos; Destellos: Reflexiones que darán más luz a tu vida; Por el placer de vivir y Las frases matonas de César Lozano;* es autor, además, de 6 producciones discográficas con mensajes de esperanza, superación y actitudes positivas. Su talento, carisma y elocuencia lo han consolidado como conferensista y escritor de temas de desarrollo humano número uno de México.

Facebook.com/doctorcesarlozano
Twitter: @drcesarlozano
YouTube: canaldrcesarlozano
www.cesarlozano.com

Títulos del doctor César Lozano en

AGUILAR

¡Despierta!... que la vida sigue:
Reflexiones para disfrutar
plenamente la vida

•

Una buena forma para decir adiós:
Palabras que te ayudarán a sobrellevar el
duelo por la muerte, la ruptura amorosa
y los malos hábitos

•

Destellos:
Reflexiones que darán más luz a tu vida

•

Por el placer de vivir

•

Las frases matonas
de César Lozano

•